Hans-Georg Trapp

Kurzgeschichten

von Menschen, Tieren und anderem

Rediroma-Verlag

Bibliografische Information der Deutschen Nationalbibliothek:
Die Deutsche Nationalbibliothek verzeichnet diese Publikation in der Deutschen Nationalbibliografie; detaillierte bibliografische Daten sind im Internet über http://dnb.ddb.de abrufbar.

ISBN 978-3-96103-322-5

Mitarbeit:
Madame Ingeborg Godard, Straßburg
Frau Alexandra Hülsmann-von Keudell, Düsseldorf

www.rediroma-verlag.de
11,95 Euro (D)

Hans-Georg Trapp

Kurzgeschichten
von Menschen, Tieren und anderem

INHALT

DIE ENTE

Es war ein wunderschöner Herbstmorgen, die Sonne wagte sich schon sehr schwach hervor und ließ das Restlaub an den Bäumen bunt erstrahlen. Er dachte an Japan und die extrem schöne Herbstlaubfärbung. Sein Weg führte ihn an einem Gebrauchtwagenhändler vorbei, der auch oft Oldies anbot. Sie standen dann immer in einem kleinen Raum, geschickt beleuchtet, und die Preise waren auch meist nicht übertrieben hoch. Diesmal erregte eine restaurierte Ente, ein Citroen 2 CV 6, seine Aufmerksamkeit.

Sie stand direkt am Zaun, gut sichtbar, in seiner Lieblingsfarbe dunkelgrün und sah wirklich aus wie neu. Er hatte keine Ahnung, welche Preise die Exemplare heute erzielen und staunte, 10000 Euro sollte sie kosten. Während er das gute Stück so betrachtete, kamen die Erinnerungen der Jugendzeit zurück.

Damals, als er 19 Jahre alt war, beim Militär, hatte er sich von seinem ersten selbstverdienten Geld eine Ente, dunkelbraun, mit 15 PS gekauft, um ab und zu von der Kaserne zu dem Haus seiner Eltern in etwa 35 km Entfernung zu fahren. Es war zu Hause ein großer Kampf gewesen, aber letztendlich überwanden die Eltern ihre Angst um den Sohn und willigten ein.

Natürlich war Peter stolz, so, als habe er soeben einen Porsche bekommen.

Um über die Landstraßen zu den Eltern zu gelangen, erwies sich die Motorleistung als völlig ausreichend. Längere Strecken mit mehreren Personen erforderten Geduld und gute Nerven.

Selbst auf der „Lastwagenspur“ ganz rechts war man an Steigungen fast ein Hindernis. Mit 15 Pferdestärken kann man eben keine Bäume ausreißen, nur ganz kleine. Von „Stromlinienform“ und Windkanal-Design konnte keine Rede sein, die Ente war eher wie ein Scheunentor.

Bei Gegenwind brachte sie es noch mit Mühe und Not auf 75 km pro Stunde, aber bei Rückenwind wurde sie immer schneller und musste schließlich in ihrem „Termperament“ gezügelt werden, weil man sonst dachte abzuheben.

Die riesigen Federwege waren legendär und als sie in Deutschland noch nicht so bekannt war, dachten die Menschen, die hinterher fuhren, in schnellen Kurven würde sie gleich umkippen. Für empfindliche Mägen war sie gänzlich ungeeignet, auf langen und tiefen Bodenwellen hatte man den Eindruck, sich in einem Schiff in hoher See zu befinden.

Die Firma wollte nach dem Kriege ein unkompliziertes, einfaches und zuverlässiges Auto bauen. Die Kosten sollten niedrig sein und so war es auch. Nie streikte „Fridolin“ und unter der riesigen Motorhaube musste man den winzigen Motor förmlich suchen. Die anfänglichen Befürchtungen in kalten Wintern erwiesen sich als grundlos. Die ersten Modelle musste man noch mit einer Kurbel anwerfen, aber dieser hatte schon einen Anlasser.

Selbst bei klirrender Kälte sprang er immer an, aber es dauerte, bis der sehr große Innenraum dann warm wurde.

Der Motor war natürlich luftgekühlt und ziemlich laut.

Schon damals war der Einstieg hoch und komfortabel, an den Tankstellen ließ man sich lässig wieder hereinfallen und die Sitzposition war hoch. Die Sitze waren sehr einfach, so wie heute ein Campingstuhl, aber die Bespannung war eine Meisterleistung, komfortabel wie ein Clubsessel. Immer wenn man neben einem Sportwagen stand, amüsierte man sich köstlich.

Oft waren die Besitzer schon älter, das Auto sicher ein „Potenzersatz“, und ein- und aussteigen eine Herausforderung für Schlangenmenschen. Dann beobachteten wir, wie die gesetzten Herren im Wagen blieben und die meist blutjungen Begleiterinnen, sicher meist die Töchter(!), den „Service“ erledigten.

Auch die Geländegängigkeit war durch die große Bodenfreiheit sehr gut. Wenn man bedenkt, welchen Aufwand man heute betreiben muss, um diese Eigenschaften zu bekommen, erstaunlich. Heute gibt es viele Modelle mit höherer Einstiegs- und

Sitzposition, aber der Zeitgeist schreibt einen „Geländewagen“, modern genannt SUV, vor. Sie sind sündhaft teuer, man fährt meist über 2 Tonnen spazieren und sie werden fast nur in der Stadt bewegt, verrückte Welt.

Gerne erinnert man sich an die jährlichen Ferien in Südfrankreich, in der Provence. Kurzerhand wurde die hintere „Sitzbank“ mit ein paar Schrauben ausgebaut und es entstand ein riesiger Laderaum, in dem man zur Not sogar schlafen konnte. Wenn man am Morgen ganz früh losfuhr, waren am Abend die 1200 km gemütlich geschafft und man genoss noch den Abendspaziergang am Strand von Port Camargue, diese Luft … aahhhhh!

Peter hatte oft davon erzählt.

Wir wohnten meist in Studentenunterkünften in Montpellier. Eine Freundin studierte dort und immer, wenn sie nicht anwesend war, bekamen wir das Zimmer. Das Les Arceaux lag ziemlich zentral und von dort aus konnten wir alles zu Fuß erledigen. Das Buttonet lag außerhalb, aber immer, wenn etwas kostenlos ist, nimmt man Nachteile gerne in Kauf. Mit Luftmatrazen als Schlafgelegenheit konnten maximal vier Personen logieren, aber dann war es schon „sehr gemütlich“, sprich eng. Obwohl die Verwaltung mit den Damen direkt am Eingang hinter Sichtfenstern saß und jeden ein- und ausgehenden Studierenden oder Gast sehen konnte, gab es nie Probleme. Anscheinend war man ziemlich liberal und großzügig, solange es keine Vorkommnisse gab.

Nach Abschluss des Studiums ließ Petra in ihrer Organisation die Sorgfalt vermissen. Weil es in ihrer Familie einen Todesfall gab, reiste sie einfach ab, ohne die Verwaltung zu informieren. Die Gäste würden ihre restlichen Sachen mitnehmen und abrechnen. Nachdem zwei Monatszahlungen ausblieben und Peter gerade wieder zum Urlaub dort weilte, geschah es. Man hatte sich mit drei Personen am Nachmittag gerade hingelegt, als auf dem Flur schnelle und energische Schritte zu hören waren. Mit Schlüssel versuchte die Person, von außen die Türe zu öffnen, aber da innen auch der Schlüssel steckte, gelang es nicht. Nun wusste man, dass jemand da war.

„Ovrez la Porte, je suis outurisee d´entrée." – Öffnen Sie die Türe, ich bin autorisiert einzutreten, erklang eine energische Frauenstimme. Peter öffnete ziemlich „verzauselt", weil er vorher noch mit seiner damaligen Freundin „gekuschelt" hatte, nur mit der Unterhose bekleidet, und sah die Dame mit großen Augen an. Sie erschien überhaupt nicht zornig, im Gegenteil, sie schien sich zu amüsieren.

„Petra hat seit zwei Monaten keine Miete bezahlt, dann ist es üblich zu kontrollieren. Kommen Sie in einer halben Stunde zur Verwaltung, aber bitte pünktlich, wir haben dann Feierabend".

„Sie ist meine Cousine und wir sollten hier das Appartement auflösen und alle Zahlungen begleichen. Sie musste plötzlich abreisen wegen eines Todesfalls in der Familie und jetzt ist sie krank".

Notlügen sind ja ab und zu erlaubt.

Nach 15 Minuten erschien er bei der Verwaltung. Er war sehr nervös. Die Damen lächelten vielsagend, weil er einen schüchternen und ängstlichen Eindruck machte. Außerdem sprach er ganz gut Französisch und hatte damit wohl gleich die Herzen erobert. Sie hatten sich bestimmt über die Begegnung an der Tür unterhalten, es war ja nichts zu verheimlichen.

So einem blonden Wuschelkopf konnte man einfach nicht böse sein.

Er musste für drei Monate die Miete zahlen und man war hier wirklich unkompliziert.

„Das Appartement steht Ihnen bis Ende des Monats zur Verfügung, bitte räumen Sie dann alles aus und übergeben uns die Schlüssel."

„Petra war immer eine angenehme Studentin und wir hatten uns schon gewundert."

„Mit ihrem Freund Toshi aus Japan hat sie uns vor ein paar Monaten zum Kaffee eingeladen, es war sehr nett. Da sind wir hier auch ganz andere Sachen gewöhnt".

Petra war anscheinend eine gute Botschafterin gewesen. Peter erzählte noch, wie schön Montpellier ist, man sei ganz begeistert, auch von der Camargue.

Die Kantinen waren auch in den Semesterferien immer geöffnet und die Verpflegung, wenn notwendig, französisch sehr gut und preiswert. Unvergesslich, am Morgen immer ein Riesenbecher Café au lait, zwei Croissants au Beure mit Marmelade und französischem Quark, cremig wie Sahne.

Danach ging es los. Meist fuhren wir in die Camargue herein zu den herrlichen und endlosen Stränden. In den Ferienmonaten Juli und August konnte man es vor Hitze nicht aushalten. Außerdem sind dann alle Franzosen im Urlaub, es ist voll, teuer, stressig. Trotz sehr hoher Kriminalität, Lieblingsbeute, der Inhalt von Autos der Touristen, hatten wir mit der Ente nie Probleme. Jeder Dieb kann von außen alles sehen, nichts vorhanden, uninteressant.

Unsere Freunde fuhren immer mit einem uralten Golf hierher, trotzdem wurde das gute Stück in jedem Jahr aufgebrochen.

In einem Jahr sogar zweimal, in Grau du Roi stand er am Morgen nur noch auf den Bremstrommeln, alle Räder waren weg, und als sie auf der Heimfahrt noch einen Abstecher über Grenoble machten, hatte man in einer Tiefgarage, die angeblich bewacht war, in der Nacht die Fenster eingeschlagen und Lederjacke etc. entwendet.

Seitdem fliegen sie immer billig bis Montpellier und nehmen dann einen ganz kleinen Leihwagen für die Zeit, aber genau wie wir immer in den Monaten Mai und September.

Auch ohne Klimaanlage wurde es selten zu heiß. Die beiden Klappfenster an den Türen wurden hochgeklappt und eingerastet und über der Motorhaube mit einem Drehknopf von innen eine große Öffnung hochgeschraubt, wunderbar.

Trotz unseres deutschen Nummernschildes und mehr schlechtem französisch fühlten wir uns den Franzosen total zugehörig und wurden auch immer so behandelt.

Als Herausforderung erwies sich dann die totale Räumung von Petras Appartement im Buttonet. In den Jahren hatten sich tausend Kleinigkeiten angesammelt, alles musste mitgenommen werden. Der Laderaum der Ente ist zwar ohne Rücksitze ziemlich groß, trotzdem wurde es sehr eng. Schließlich hatte man aber alles untergebracht und es war so voll, praktisch ging kein Blatt Papier mehr herein.

Zur gleichen Zeit hatten sie zu Hause oft Besuch aus Paris. Die Schwester war drei Jahre in Paris gewesen und hatte dort ihren Dolmetscher gemacht. Sie wohnte bei einer vornehmen Familie mit drei Söhnen, die alle als Soldaten in Deutschland waren. Alle wollten Christa heiraten, was sich als etwas kompliziert erwies. Leider war keiner ihr Typ, aber durch ihre diplomatische Art gelang es ihr, die Gefühle aller drei in freundschaftliche Bahnen zu lenken.

In dem Haushalt hatte sie perfekt die hohe französische Kochkunst erlernt und war später eine so brillante Hausfrau und Köchin, dass ihre Einladungen legendär wurden. Oft hatten sie Besuch aus Holland,der sich wegen der Qualität häufte. Einmal wurde sie gefragt, wie die Gäste denn so seien und sie meinte

„Ach, die sind ganz unkompliziert, von allem nur das Beste.“ Ein kleiner Scherz, sie hatte gerne Besuch und Gäste.

Fast jedes Wochenende kam einer der drei zu Besuch nach Deutschland und es war immer sehr nett. Alain hatte einen Panhard, schon damals ein sensationell technisch fortschrittliches Auto. Die Form war exakt wie heute bei zahlreichen modernen Autos, eine Eiform mit flachem Unterbau.

Der Motor hatte damals schon wie selbstverständlich bis zu 7000 Umdrehungen pro Minute. Auch das Fahrwerk schien super zu sein, bei einer Fahrt zum Nürburgring fuhren wir auf kurvenreicher Strecke einem anderen schnellen Auto davon. Ganz kurz die Schaltwege der Schaltung am Lenkrad.

Einige Jahre später konnte sich Peter ein neueres Modell leisten, den Citroen 2CV 6. Der hatte inzwischen fast doppelt soviele PS, fast eine „Rakete“. Die guten Eigenschaften blieben aber erhalten, Komfort, Federung, preiswerter Unterhalt und Zuverlässigkeit. Die großen Federwege hatte man inzwischen etwas härter konstruiert, sicher auch wegen der höheren Motorleistung. Sehr oft ging es nach Freiburg zu Freunden und einem Teil der Familie, die dort wohnte. Die 430 km wurden immer durch einen Tankstopp und eine kleine Pause unterbrochen, trotzdem war Ankunft bei normaler Verkehrslage ohne Staus fast immer nach unter fünf Stunden.

Unvergesslich die jährlichen Fahrten zu Weihnachten mit der Mutter zum Familientreffen nach Freiburg. Mutter liebte den großen Auftritt und stieg immer sehr chic und mit Klunkern behangen ein. Die hintere Sitzbank musste natürlich ausgebaut werden, zu groß war der Platzbedarf für Geschenke, Plätzchen, Nüsse und Unmengen von „Zubehör“ für Weihnachten und jeder Menge von Klamotten.

Peter war zum Glück bescheidener, sonst hätte es Platzprobleme gegeben. Ihr Beifahrersitz bekam als Auflage noch das Polster einer Gartenliege zusätzlich und erwies sich dann als extrem gemütlich und komfortabel.

Nach den Tagen der Vorbereitung mit Notizzettel, damit auch nichts vergessen wurde, traf Peter am Morgen des 22. Dezember immer bei Mutter nach 10 Uhr ein. Vorher war sie noch beim Friseur um die Ecke gewesen und sah nun aus wie eine „Gräfin“, so meinte immer ein Verehrer von ihr. Mutter war etwas über 180 cm groß und Philipp, der Verehrer, einen Kopf kleiner. Wenn dann noch Schuhe mit hohen Absätzen dazukamen, war der Unterschied noch gravierender, störte aber niemanden.

Zum Glück überließ sie die Packaktion alleine Peter, auch besser vom dritten Stock aus. Sie hatte aber vorher schon die zahlreichen empfindlichen und zerbrechlichen Dinge beiseite gestellt, die mussten zum Schluss gepackt werden. Der Laderaum der Ente erwies sich immer wieder als ein riesiges Verlies. Trotzdem war es eine Herausforderung. In jedem Jahr schenke Mutter der Schwester immer zur Vervollständigung sündhaft teures Porzellan „Limoges“ aus Frankreich.

Obwohl dies bestens verpackt war, musste man Vorsicht walten lassen. Am Ende war der Laderaum immer voll und als „ordentlicher“ Abschluss diente gewöhnlich eine große Decke aus der Provence.

Schließlich konnte es losgehen.

Eine Ente mit einer so eleganten Dame auf dem Beifahrersitz und dem anderen Gesamtambiente war schon auffallend. So kam Mutter auch immer auf ihre Kosten. An Ampeln klappte sie wie selbstverständlich das Fenster in die Höhe und war sich der Blicke der anderen Verkehrsteilnehmer immer sicher. Auch auf der Autobahn bemerkte man die zahlreichen interessierten Blicke, als säße man in einem Bentley. Es geht doch nichts über Understatement. Nie gab es Probleme und wie immer trudelte man gemütlich am Nachmittag zum Kaffee ein.

Zum Glück konnten alle Dinge im Souterrain in einem Raum verstaut werden, lediglich die Klamotten mussten in die Gästezimmer des dritten Stockes gebracht werden.

Peter war wieder so zufrieden, dass alles geklappt hatte, und meinte im Gespräch mit der Schwester, das Auto sei gelaufen wie ein Bienchen und es läge, wenn es so beladen sei, immer wie ein Brett.

Nach den Feiertagen war wie in jedem Jahr die Zeit der Rückfahrt gekommen. Diesmal sollte es zusätzlich noch besondere „Fracht“ geben. Die Schwester hatte im Garten einen Baum fällen lassen, weil die Wurzeln dem Haus drohten, gefährlich zu werden. Wunderbar lag er in kleine Stücke geschnitten vor der Kellertür. Peter hatte zu dieser Zeit einen kleinen Kaminofen mit Sichtfenster und meinte, er könne gut einen Teil mitnehmen. Er würde es in der Ente auf den Boden schichten und das übrige Gepäck obendrauf. Gesagt, getan, am Ende bekam er alle Sachen gut untergebracht, aber er hatte bei der Packerei keine Sorgfalt walten lassen. Zahlreiche Plastiktüten mit Weihnachtszubehör und anderen Dingen lagen oben drauf und der Blick der Mutter sprach Bände

Er meinte zur Schwester: „Was ist heute mir unserer Mutter los, entweder passt ihr etwas nicht oder sie ist traurig, dass es schon wieder zurück geht."

Diese hatte aber das Problem erkannt und meinte: „Unsere Mutter stört sicher das Türkenambiente. Wenn du keine Decke zur Abdeckung drauflegst wird sie nicht einsteigen."

Genauso war es und nach Beseitigung des Makels war es eine Rückfahrt wie immer.

Peter wurde aus seinen Gedanken gerissen und bei dem Anblick des schön restaurierten Wagens überlegte er sich, ob er nicht als Zweitwagen in Frage kommen würde.

Man muss sie einfach gerne haben und wie schön ist doch die Nostalgie.

STURMFREIE BUDE

In jedem Jahr hat unsere Rasselbande ein- oder zweimal sturmfreie Bude. Die Rasselbande sind Cara, eine silbergraue Katze, und Daisy, eine Wessie-Dame. Einerseits sind die beiden zwar immer ein wenig traurig, dass Frauchen und Herrchen für zwei Wochen zum Wandern in die Berge fahren, andererseits kommt aber in dieser Zeit immer dieser nette Freund der Familie, um dann auch dort zu schlafen.

Den ersten Tag sind die beiden noch traurig, aber dann genießt man doch die Vertretung. Natürlich dürfen sie dann alles und Max bemüht sich auch, es den beiden so schön wie möglich zu gestalten. Sie lieben ihn sehr und er wohnt nur um die Ecke. Jedesmal wenn er sonst kommt, reißt Daisy vor Begeisterung fast das ganze Haus ab und ist außer sich. Cara dagegen ist ganz Dame, sie findet sich zwar auch zur Begrüßung ein, aber schließlich muß man ja als Dame von Welt die Form waren. Mit verächtlichem Blick betrachtet sie Daisy, wie kann man sich nur so gehen lassen und ein derartiges Theater veranstalten.

Sie setzt sich hin und kehrt allen den Rücken zu, so als sei sie überhaupt nicht interessiert. Der geübte Blick sieht aber, die Ohren sind nach hinten gerichtet, schließlich will man ja alles mitbekommen. Sobald Max sie dann aber auch streichelt, schnurrt sie sehr laut, aha, Madame ist doch auch zufrieden.

Im Laufe der Jahre hat sich für diese Urlaubszeit ein bestimmtes Ritual herauskristallisiert und dieses, darauf bestehen die beiden, muss eingehalten werden.

Max kann nicht so lange schlafen und so beginnt der Tag so gegen 7 Uhr. Sobald er aufsteht, ist Cara schon zur Stelle und beobachtet alles. Ab und zu ertönt ein Miau zur Begrüßung, schließlich hat man ja jetzt Frühstücksappetit.

Viel wichtiger sind aber zur Begrüßung des Tages die Streicheleinheiten. Cara merkt sofort, wenn Max im Bad fertig ist, und marschiert voran, den Schwanz nach oben. Es geht die Treppe herunter in die Küche, aber nur in Etappen. Zwei oder dreimal wird der Weg nach unten von Pausen unterbrochen. Sie kuschelt sich in die Treppe mit dem flauschigen Teppich und Max muss sich dazusetzen. Er legt vorsichtig den Arm um sie herum und streichelt sie vor allem vorsichtig am Kopf und den Ohren. Das Schnurren ist so laut, man kann es im ganzen Haus vernehmen. Ein Zeichen, Max, so machst du es richtig.

Bis man in der Küche angekommen ist, dauert es, aber auch dann geht es noch immer nicht zum Futternapf. Schließlich ist Cara immer fassungslos, wenn Daisy so gierig über das Fressen herfällt, ihr Blick spricht Bände.

Nun muß Max einen niedrig angebrachten Wasserkran so aufdrehen, dass er langsam tropft. Herrlich, nun kann man sooo schön mit den Tropfen spielen, Cara ist nicht wasserscheu wie viele andere Katzen.

Jetzt erst kann das „Frühstück“ angerichtet werden, meist Thunfisch aus der Dose, den mag sie am liebsten. Manchmal, wenn sie einen schlechten Tag hat, betrachtet sie verächtlich die Futterschüssel, setzt sich in die Ecke und wartet. Natürlich kennt

Max sie und der Blick verrät, schon wieder das gleiche, es ist aber auch wirklich schlimm. Meist klappt es dann mit einer anderen Dose Futter.

Manchmal hat sie sich aber auch den Magen verdorben oder Gras gefressen, an dem vielleicht Rückstände von Pestiziden sind, die ja überall verwendet werden, um Raupen, Milben oder andere Schädlinge der blühenden Pracht zu bekämpfen. Dann muss sie sich übergeben und „kotzt" immer direkt vor der Futterstelle von Daisy.

„Wenn ich nichts essen kann, will ich dir auch den Appetit verderben", so meint man interpretieren zu können. Dann heißt es für Max, einen Eimer mit warmem Wasser holen und putzen. Aber wenn es normal läuft, kann das „Programm" weitergehen.

Während sie nun frisst und schnurrt, reinigt Max die Toilette, Cara hasst es, wenn sie nicht sauber ist. Daisy ist zu bewundern, meist liegt sie noch müde und diszipliniert ganz unten im Wohnzimmer und begrüßt nun die beiden freudig, als habe man sich Wochen nicht mehr gesehen. Cara bestimmt aber auch hier noch den Takt, zielstrebig geht sie zur Gartentür. Wenn Max nicht gleich öffnet, erst ein vorwurfsvoller Blick nach oben zum Schloss und dann sehr lautes nachdrückliches Miau. Nichts wie raus. Daisy meist hinterher, aber nur kurz, schließlich geht es nun mit dem Auto ab an den Rhein.

Dort ist es um diese Zeit noch ruhig und mit angemessenem Schritt kann sie sich dort bewegen. Schließlich ist man ja nicht mehr die Jüngste. Inzwischen ist sie 14 Jahre alt, noch sehr rüstig, aber der „Kurschritt" gefällt ihr am besten. So richtig schnell wird sie nur noch wenn sie zu Hause einen Knochen hat und Cara kommt näher als zwei Meter heran. Dann stürzt sie sich auf die vermeintliche „Diebin", aber Cara kennt es schon. Blitzschnell ist sie unter einem Sessel verschwunden, wo keiner sonst hinkommt. Um diese „Konfrontationen" zu vermeiden, schließlich steht man ja über den Dingen, macht sie meistens einen

Riesenbogen um die „exponierte Stelle", dann ist Daisy auch zufrieden.

Nach einer halben Stunde will Daisy meist zurück, der Hunger. Früher war es unmöglich für Max, Daisy in sein Auto hereinzubekommen. Sie weigerte sich, knurrte und fletschte die Zähne, es war unmissverständlich Vorsicht geboten. In das Auto von Frauchen ließ sie sich aber bereitwillig hereinheben. Wie gut, dass die Herrschaften immer mit der Bahn in Urlaub fuhren. Inzwischen sind diese Probleme aber auch vergessen, das Auto von Max ist nun auch gut genug.

Max bereitet den Fressnapf vor und macht Frühstück. Meist spitzt sie die Ohren und beobachtet, manchmal wartet sie aber auch unten. Schließlich ist man ja in diesem Alter auch nicht mehr jeden Tag gut drauf. Aber sie weiß, gleich kommt er herunter und bringt auch noch ein Tablett für sich selber mit, mal sehen. Wenn es bloß nicht immer so schwierig wäre, von Max' Frühstück auch etwas abzubekommen. Aber heute Morgen hat er Müsli, völlig uninteressant.

Inzwischen will nun auch Cara wieder aus dem Garten herein und sie weiß, jetzt muss sie von Daisy den „Sicherheitsabstand" einhalten, was auch immer gut klappt. In einem großen Bogen hinter der Couch und an einem Bücherregal vorbei, geschafft.

Im Fernsehen laufen die neuesten Nachrichten und alle scheinen zufrieden. Auf der Fensterbank bekommt sie noch ein kleines „Leckerli", wenn die bloß nicht so auf die Figur gingen, zu blöde. Sie leckt und putzt sich, im Grunde bin ich mit mir doch ganz zufrieden. Entweder man mag mich so, wie ich bin, oder nicht, bitte sehr.

Oft ist sie nun den ganzen Tag nicht mehr zu sehen, sie schläft ja so gerne den Schönheitsschlaf. Nur wenn das Wetter sehr einladend ist, verbringen die drei viel Zeit im Garten. Ausgiebig machen alle einen Mittagsschlaf, aber wenn Max am Nachmittag seinen Kaffee unten trinkt, oft mit Kuchen, ist Daisy wieder zur Stelle. Wenn die süßen Sachen bloß nicht so gut schmecken würden. Leider kann man ihr nicht erklären, dass schon geringe Mengen überhaupt nicht gut sind für Hunde. Aber sie bekommt dann einen Hundekuchen oder eine Hundewurst.

Bald ist schon wieder Abend, vorher muss man aber noch einmal mit Max um das Viertel marschieren. Nun kommt die Zeit, wo Cara munter wird, schließlich soll Max an dem blöden Fernsehen ja auch in Bewegung bleiben. Wofür hat man schließlich sein Personal?

Es ist ja so schön, in dem Garten alles zu beobachten, vor allem die Mäuse. Würde man doch bloß einmal eine von diesen flinken Gesellen bekommen. Zwischendurch funkeln die Augen in der Dunkelheit von draußen wieder herein, das Kommando für Max, sie hereinzulassen.

Nach kurzer „Stärkung" geht es wieder raus, das ganze wiederholt sich bis zu sechsmal am Abend. Spätestens gegen 23 Uhr ist Schluss, und sobald die elektrischen Läden heruntergehen, weiß Cara, nun kann sie nochmal länger heraus. Wenn Max dann ruft kommt sie auch sofort aus dem Garten herein, sie will auf gar keinen Fall die ganze Nacht draußen bleiben. Im Haus schläft man doch besser als draußen.

Die beiden lassen Max brav in der ganzen Nacht in Ruhe schlafen, während sonst Cara mit Frauchen auch schon einmal mitten in der Nacht schmusen will.

Schnell sind die 14 Tage vorbei und freudig begrüßt man fast immer die Heimkehrer. Wenn Cara aber mal wieder schlecht drauf ist, wird niemand zur Begrüßung beachtet. Dafür wird die Begrüßung dann bei Frauchen mitten in der Nacht nachgeholt, obwohl die sooo hundemüde von der Reise ist.

Max ist zwar im Grunde in Ordnung, aber Frauchen und Herrchen sind doch die besten.

91 JAHRE, NA UND?

Frau Jungbrunnen entschloss sich mit 82 Jahren in ein Seniorenstift zu ziehen. Sie war zwar noch rüstig und konnte alle Dinge des täglichen Lebens gut erledigen, aber bei Besuchen von Freundinnen, die den Schritt schon vollzogen hatten, meinte das Pflegepersonal immer wieder, man solle sich nicht zu spät zu diesem Schritt entschließen. Es sei doch sehr viel zu organisieren, man müsse sich umsehen, wo es gut gefalle, Preisfragen, eigene Möbel, Haustiere und vieles mehr gelte es zu beachten. Es lässt sich alles einfacher bewerkstelligen wenn man noch fit ist.

Sie hatte ihre große Wohnung im Rheinland und die Kinder wohnten in Süddeutschland. Bei vielen Besuchen hatte es ihr dort immer sehr gut gefallen, aber nach ein paar Tagen oder maximal zwei Wochen fuhr sie auch sehr gerne wieder zurück und freute sich auf die eigenen vier Wände. Ihre Tochter schlug ihr ursprünglich vor, eine schöne Zweizimmereinliegerwohnung in ihrem Haus zu beziehen, die Enkelkinder hätten sich sicher auch gefreut. Nach langer Überlegung lehnte sie aber ab. Es gelang ihr mit sehr diplomatischen Erklärungen, die Tochter zu überzeugen, ohne sie zu kränken.

Ein weiterer Grund war ihre 7-jährige Rauhaardackelhündin „Tosca“. Warum sie die einst so nannte, war allen ein Rätsel und danach fragte auch niemand. An der Uraufführung 1900 in Rom lag es sicher nicht. Aber vielleicht erzählt sie es einmal.

Das Geschäft, der Haushalt, die Kinder und ihre Doppelbelastung seien einfach zu viel. Wenn sie dann auch noch krank würde, oder sogar ein Pflegefall wäre die ganze Familie hoffnungslos überfordert.

In Wirklichkeit war es aber so, mit ihrem Schwiegersohn kam sie einfach nicht klar. Bei den Besuchen kann man sich ein paar Tage zusammenreißen, aber für immer, das erschien ihr unmöglich. Außerdem waren sie und ihre Tochter beide sehr dominant veranlagt, der sichere Stoff für „Explosionen“. Sie wollte aber in die Nähe ziehen und zum Glück war die Auswahl in der Gegend sehr groß.

Die Enkelkinder liebten „Omi“ sehr und das war zusätzlich ein Riesengrund, da konnte sie einfach nicht verneinen. Alles, was die beiden anging, Omi hatte immer einen Sprachfehler und konnte nicht nein sagen.

Sie dachte an eine kleine Zweizimmerwohnung mit ihren eigenen liebsten Möbeln, es sollte ruhig sein, natürlich bezahlbar und im Grünen liegen. Die Stadt sollte nicht zu weit entfernt sein und mit Bus oder Bahn gut zu erreichen. Das konnte ja nicht so schwer sein, fündig zu werden.

Zunächst verschaffte sie sich einen Überblick im Internet und ließ sich von den Adressen, die ihr gefielen, Prospekte kommen. Jeweils eine Woche Probe wohnen erschien ihr ausreichend, um sich ein Urteil zu bilden. Tosca sollte natürlich mitkommen und auch ihr musste es gefallen, Tierhaltung erlaubt.

Ihre Wahl fiel auf eine „Seniorenresidenz“, die am Rande der Stadt lag mit alten Bäumen und kleinem Bach, natürlich ruhig. Die Zweizimmerwohnung lag Parterre mit Terrasse und den Grünanlagen davor. Im Preis inbegriffen das Mittagessen, wahlweise um 12 Uhr oder um 13 Uhr und einmal pro Woche Reinigung der Unterkunft. Tagsüber war immer ein Arzt anwesend mit Praxis. Am Eingang lagen die Räume der Verwaltung und eine Pförtnerin war auch von morgens bis abends anwesend. Im Keller befanden sich ein kleines Schwimmbad und die Tiefgarage.

Nach dem Winter im Frühling sollte der Umzug über die Bühne gehen. Bei der Organisation der anderen Dinge hatte ihre Tochter geholfen und der Umzug durch eine Firma, die ihre Freundin kannte, war richtig preiswert.

Frau Jungbrunnen hatte sich danach schnell eingelebt und lernte auch durch ihre nette und unkomplizierte rheinische Art andere Damen kennen. Einmal in der Woche war in der Cafeteria bei

Angelo "Stammtisch". Alle waren viel älter, zwischen 89 und 93 Jahren. Zum Glück mochten sie alle Tosca, vor allem ihren eigenen Kopf. Mit den Hunden der anderen Herrschaften verstand sie sich prima und war überhaupt für einen Dackel sehr umgänglich. Natürlich wurde sie hier gefragt, wie sie denn zu dem Namen gekommen sei.

Sie habe einen Namen nehmen wollen, den nicht jede Hundedame hat. Die Oper Tosca von Puccini habe sie immer schon fasziniert. Sie habe sehr viel darüber gelesen und die Handlung zum Beginn der Ära Napoleon sei auch so spannend. Bei der Uraufführung in Rom sei die Besetzung der Sopranistin auf die Rumänin Hariclea Darclee gefallen. Sie wurde als die „Nachtigal der Karpaten" bezeichnet. Hariclea wäre als Hundename unmöglich gewesen, aber Henriette war doch so ähnlich. Da aber eine Freundin aus Hamburg auch Henriette hieß, wurde der Gedanke wieder verworfen.

Schließlich meinten Freunde aus Frankreich, der Name Tosca sei doch prima. Sie nannten später ihre Terrierhündin auch so.

Schließlich entschloss sie sich dann endgültig zu diesem Namen. Irgendwie sei er auch wirkungsvoll. Wenn sie mehrmals rufen müsse, was natürlich bei Dackeln häufig vorkomme, würde Tosca sofort kommen, wenn sie den Namen energisch rufe. Irgendwie ist der Zischlaut für die empfindlichen Hundeohren, sie hören 30 mal so gut wie Menschen, scheinbar eindringlich. Dann kommt sie immer sofort. Alle lachten.

Wenn das Thema Alter aufkam, hieß es immer, sie sei ja noch so jung, praktisch das „Küken" am Stammtisch. Wie man doch die Dinge sehen kann.

Immer wenn ihre Kinder mal wieder am Wochenende ein paar Stunden vorbeikamen, staunten sie über die älteren Herrschaften. Einmal setzte sich eine Dame mit an den Tisch und sie schien gerade vom Schwimmen gekommen zu sein. Sie brauche jetzt einen Kaffee, danach sei sie zum Fahrrad fahren verabredet und am frühen Nachmittag müsse sie noch Tennis spielen, darauf freue sie sich besonders.

Schnell war sie wieder verschwunden und Frau Jungbrunnen klärte ihre Kinder auf. Die Dame sei auch immer beim Stammtisch, superaktiv und 91 Jahre alt. Ihr Besuch aus Zürich sei fast 20 Jahre jünger und habe ihr einmal angeboten, auch mit ihr Tennis zu spielen. Sie sei zwar nicht mehr so in Übung, aber das würde ja sicher nichts machen. Mit großen Augen schaute sie und meinte, sie sei so gut im Training, dann habe es bestimmt keinen Zweck, 91 Jahre, na und. Ein wunderbares Selbstbewusstsein in diesem Alter. Meist wird es dann durch die gesundheitlichen Gegebenheiten von selber gebremst.

Alle hofften, dass es noch lange so bliebe.

Eine andere Dame ging immer in den Grünanlagen spazieren, wenn sie mit den Kindern auf der Terrasse saß. Sie sah immer aus wie aus einem Modejournal, Schmuck, tolle Frisur, chices Kostüm und mit einem Spazierstock bewaffnet. Wie alt würden sie die Dame wohl schätzen? Das sei schwer zu sagen, aber sie meinten so um die 80 Jahre. Sie würde im Dezember 98 Jahre alt, nicht zu glauben.

Wie relativ doch das Alter erscheint, wenn man noch fit ist, aber wenn man mit 60 Jahren schon große Probleme an den Knien oder im Rücken hat, fühlt man sich sicher wie 90.

Männer waren Mangelware, im Grunde verwunderlich. Gewöhnlich sind sie viel unselbstständiger als Frauen und man sollte meinen, gerade für sie ist eine Seniorenresidenz ideal.

Frau Jungbrunnen lernte trotzdem einen kennen und er hatte auch noch einen großen Wagen. Er war 87 Jahre alt, noch rüstig und sie fuhren öfters in die Berge oder in einen nahegelegenen Kurort. Leider stürzte er an einem Abend und brach sich wie fast immer in dem Alter den Oberschenkelhals. Sie hatten einen wunderbaren Abend beim Italiener verbracht. Sein Lokal lag nur wenige Minuten entfernt. Man blickte auf die Berge und hinter dem Grundstück plätscherte ein kleiner Bach. Die riesigen Bäume spendeten Schatten, wenn man zur Mittagszeit verweilte. Wenn da bloß nicht die vielen Mücken wären. Es floß ein wenig mehr Rotwein als gewöhnlich und das konnte der Grund für den Sturz gewesen sein.

Wie er da so lag und nicht mehr aufstehen konnte, meinte Tosca, ihn beschützen zu müssen. Sie ließ niemanden heran, der helfen wollte, und fletschte sogar die Zähne. Es war also Vorsicht geboten. Im Grunde war es aber sogar gut so, wenn man sich dann falsch bewegt, wenn man es vor Schmerzen überhaupt kann, ist es auch nicht gut.

Als der Notarzt dann kam und Tosca war an der Leine, bellte sie ununterbrochen, geht bloß nicht an den Freund von Frauchen.

Vor der Operation bekam er eine Thrombose und starb ziemlich schnell an einer Embolie. Alle wunderten sich, dass heutzutage so etwas noch vorkommt. Aber niemand kannte die näheren Einzelheiten, und da er auch keinerlei Angehörige mehr hatte, blieben Nachforschungen aus. Er war so ein angenehmer Zeitgenosse gewesen, immer freundlich und hilfsbereit, vor allem aber fast 190 cm groß und schlank, das mögen die Frauen.

Nun wird es seine Zeit brauchen, bis wieder Normalität einkehrt. Ein wenig Probleme hat Frau Jungbrunnen hier mit der ganz normalen Tatsache, dass liebgewonnene Menschen plötzlich oder nach Krankheit wegsterben. Das ist hier der Lauf der Dinge. Ob sie sich jemals daran gewöhnen wird? Zum Glück muntern ihre Kinder und vor allem ihre Enkelkinder sie dann immer wieder auf. Es war doch gut in ihre Nähe zu ziehen.

DER ADEL, DIE GUTE ALTE PFLANZE

Was ist nicht schon alles über den Adel geschrieben worden, positiv und negativ, je nach Sicht der Dinge. Der Name Adel kommt von edel, aber wie überall gibt es auch hier solche und solche.

Vor allem im Fernsehen werden uns in Unterhaltungssendungen die Unterschiede nähergebracht und sie haben fast immer hohe Einschaltquoten. Woher mag das wohl kommen? In den privaten Sendern überwiegen Skandalereignisse aus den Kreisen Richtung Hannover und Marbella, in kultivierteren Sendern neues vom europäischen Hochadel. Aber auch dort ist nicht alles Gold und Diamant, was glänzt. Bis vor kurzem lief im englischen Königshaus alles schief und bei Margarete aus Dänemark und ihrem Mann sieht man, dass es auch nur Menschen sind. Schon immer hatte er große Probleme mit der zweiten Geige hinter seiner Frau, obwohl er das ja von Anfang an wusste. Aber das Hofzeremoniell ist eisern und zerrt immer wieder auf den

Boden der Tatsachen zurück. Es sind eben nicht alle so wie Philipp aus England, obwohl er auch sein Leben lang kein Kostverächter war. Aber die Queen steht in der Beziehung total über den Dingen, im Gegenteil, es sei immer üblich gewesen.

Daher können vor allem Insider überhaupt nicht verstehen, dass Diana ein derartiger „Ausrutscher" war. Genau wie Charles hätte auch sie sich diskret alle Freiheiten nehmen können, vor den Kameras aber für die Firma repräsentieren und vor allem lächeln, lächeln müssen. Noch heute zerbrechen sich die Leute den Kopf darüber, war sie doch richtig in Charles verliebt und emotional nicht in der Lage, die Form zu wahren oder ganz schlicht nur sehr einfach strukturiert. Was hätte sie sich ein tolles Leben machen können.

Die beste Botschafterin des Adels ist aber sicher Gloria von Thurn und Taxis. Ihr Vater, Graf Schönburg-Glauchau entstammte einem sächsischen Adelsgeschlecht und die Mutter Beatrice Gräfin Szechenya von Sarvar und Felsövidek einem ungarischen. Durch das entsprechende Temperament hat sie sich in ihren jungen Jahren ordentlich ausgetobt. So besteht nicht die Gefahr, sich später lächerlich zu machen, wenn man es nachholen will. Mit Bravour gelang ihr nach dem frühen Tod ihres Mannes, Mutter von drei Kindern, die Sanierung eines hoch verschuldeten Milliardenunternehmens. Sie ist in den obersten Etagen der Finanzwelt ebenso zu Hause wie in Rom, New York oder als Büttenrednerin. Besonders beeindruckend, ihre umwerfende Natürlichkeit auch noch heute.

Die richtigen Drähte zum Freistaat Bayern und der bayrischen Landesregierung können auch nicht schaden.

Dann kennen wir aus der Klatschpresse auch noch die Damen und Herren, die demonstrativ das „von" im Namen weglassen und die, welche sich den Titel sogar erkaufen. Wem ist der „schöne Konsul Weyer" nicht bekannt und seine Frau, die einer Diplomatenfamilie entstammt. Mit dem Geschäftsmodell und der Eitelkeit haben sie Millionen gemacht. Aber selbstverständlich werden solche Leute aus den Schlagzeilen in den richtigen Adelskreisen einfach übersehen.

Sein Buch „Der Schöne Consul" wurde zum Bestseller und der Bekanntheitsgrad in der Bevölkerung erreichte 90%, ein Wert wie bei Genscher.

Unvergesslich der Unterhaltungswert von ihm und seiner Frau in Talksendungen und seine eigene Fernsehsendung bei RTL „Consul Weyers Sprechstunde" erreichte riesige Einschaltquoten. „Er habe mehr Show-Wert als Rudi Carell" und die Leute lachten Tränen.

Oft sieht man das glamouröse Paar in Bad Godesberg und was man so hört, überall sind sie beliebt.

Ihr Friseur erzählte, sie habe sich immer die blonden Haare verlängern lassen, ein wohl sehr aufwendiger und teurer Akt der dauerte. Dabei habe sie immer den ganzen Salon unterhalten und für ihr Lachen war sie ja schon immer bekannt. Das konnte man dann über halb Bad Godesberg hören.

Ich hatte das Glück, schon in der Jugend durch Nachbarschaft eine Freundschaft diesbezüglich schließen zu können. Sie hat mir sehr gut getan und im Laufe von vielen Jahren lernte ich die ganze Vielfalt dieser „Pflanzen" kennen, harmlose und giftige.

Rose, so hieß die Dame wirklich, war sehr naturverbunden, unermüdlich wenn es darum ging, sich sozial zu engagieren, immer freundlich und beherrscht, vor allem aber unschlagbar darin, Andenken wachzuhalten und Traditionen zu pflegen.

Sie wuchs in Hohenlübbichow, Kreis Königsberg in der Neumark bei ihrem Onkel auf und alle mussten über die zugefrorene Oder fliehen, als zum Ende des Krieges die Russen nahten.

Sie hatte das Leben also in allen Lagen kennengelernt. Zunächst fanden sie Unterschlupf in Lüneburg.

Es handelte sich hier um den „Bagatelladel", den Landadel oder die, die kämpfen mussten. Entweder hatten sie im Osten alles verloren oder im Westen Burgen und Schlösser geerbt, die zum Unterhalt Unmengen von Geld verschlangen. Aber es waren auch nette und kleine Reihenhäuser dabei. Der Erfindungsreichtum kannte keine Grenzen und meist war die Finanzierung für den Erhalt gesichert. Rose und ihr Onkel, ein ehemaliger Minister aus der Weimarer Republik, wohnten in einem solchen mit nettem kleinen Garten.

Schon in früher Jugend übernahm er die Verwaltung des väterlichen Besitzes in Hohenlübbichow bei Schwedt an der Oder. Er studierte Philologie und beschäftigte sich waldbaulich forschend mit der Fortwirtschaft unermüdlich im eigenen Revier wie in Verbindung mit der Forstlichen Hochschule Eberswalde und im märkischen preußischen und deutschen Forstverein. Sein Name als Mitbegründer des Nadel- und Laubholz-Mischwaldes war damals auch international sehr anerkannt. Das dritte Reich nutzte seine Kenntnis als Forstmann und ernannte ihn zum „Generalforstmeister“. Er erklärte aber klip und klar, er könne sich nur auf unpolitischem Gebiet zur Verfügung stellen. Göring, ein passionierter Jagdmann, war ab und zu in Hohenlübbichow zu Gast.

Durch Meinungsverschiedenheiten mit der Reichsführung vor Beginn des Zweiten Weltkriegs trat er dann als „Generalforstmeister“ zurück.

Nach dem Krieg und der Flucht nach Westen war er unermüdlich für die Vertriebenen tätig und hatte ein sehr enges Verhältnis zu Adenauer. Alle, die ihn kannten, waren immer wieder erstaunt, wie aktiv er noch bis ins hohe Alter war.

Sein Vater war sehr eng mit den Bismarcks befreundet. Immer wenn dieser von seinen Gütern in Pommern wieder nach Berlin musste, kam er in Hohenlübbichow vorbei, es lag quasi auf dem Weg. Oft machte er hier Station.

In jedem Jahr gab es in der neuen Heimat im Westen Familientreffen und nie habe ich es gespürt, dass ich ein „Bürgerlicher“ bin. Wie erfrischend, dass es auch Situationen gab, aus voller Seele zu fluchen.

An einem wunderbaren Frühsommertag wurde zum Nachmittagskaffee oder -tee eingeladen. Über der Terrasse verlief eine Holzpergula, die Rosen oder anderen Rankpflanzen Halt geben sollte. Die Tische waren schon geschmackvoll gedeckt und auf einem hatte Rose soeben eine wunderbare Kuchenplatte hingestellt. Ein Amselmännchen, man nannte ihn Hansi, sah sich die Angelegenheit ganz neugierig von oben an, als Rose mit dem Kaffee und laut lachend mit den ersten Gästen erschien. Hansi musste sich wohl erschrocken haben, jedenfalls ließ er eine volle Ladung Kot fallen, mitten auf die Kuchenplatte. Man wusste nicht, soll man lachen oder weinen, aber Rose machte sich Luft, „die kacken ja hier mit einer Frechheit", und verschwand mit der dekorierten Kuchenplatte im Haus.

Es war trotzdem dann ein wunderbarer Nachmittag und als es später noch Sekt gab und die Stimmung immer lauter wurde erfolgte der allgemeine Aufbruch.

Durch sie lernte ich Jahre später eine Familie von Versen kennen. Einer der Vorfahren hat Weltgeschichte geschrieben, Graf Axel von Versen aus Schweden.

Frankreich – Schweden und der Geliebte von Marie Antoinette, untrennbar in den Geschichtsbüchern miteinander verbunden.

1774 lernen sich die Herrschaften auf einem Maskenball in Paris kennen. Der junge Schwede, gerade einmal 20 Jahre alt, wird damals als der „schönste Mann Europas" bezeichnet, blond und ein Riese. Er weiß nicht, dass sich hinter der Maske die Königin von Frankreich, Marie Antoinette befindet, aber beide sind wie elektrisiert voneinander, erst recht, als die Masken fallen …

Ihr Mann, Ludwig der XVI., gilt nicht nur aus der Sicht von heute, sondern auch damals schon als „Schlaftablette". Mit mehr Weitsicht wäre es sonst wohl nie zum Sturm auf die Bastille, dem Stadtgefängnis von Paris, und zum Ausbruch der französischen Revolution 1789 gekommen.

Axel von Versen will die Königin unter keinen Umständen in Schwierigkeiten bringen und geht nach Nordamerika, um mit den Franzosen gegen die Engländer zu kämpfen. Er überlebt die Auseinandersetzungen und ist nach 10 Jahren, 1784, wieder in Paris als schwedischer Gesandter am Hof von Versailles, wie praktisch!

Gleichzeitig erlebt Schweden unter seinem König Gustav III seine „goldene Zeit“. Sein Vorbild ist Paris und Versailles. Er fördert die Kunst, Literatur und Wissenschaft und wird als der „Romantiker der Aufklärung“ bezeichnet. Er schreibt auch selber Theaterstücke und die Schwedische Akademie, die heute in jedem Jahr die Nobelpreise vergibt ist eine Einrichtung von ihm.

Bei einem glanzvollen Besuch in Paris wird das alte schwedisch-französische Bündnis erneuert. Es sind noch 4 Jahre bis zur französischen Revolution, trotzdem knistert es schon überall. Aus der Zuneigung von Graf Axel von Versen zu Marie Antoinette wird Leidenschaft und natürlich lässt es sich trotz aller Diskretion und Vorsicht nicht ganz verheimlichen. Wie auch heute plaudern Hofangestellte, es entstehen Gerüchte, ein wunderbares Betätigungsfeld vor allem auch der Presse.

Axel wird das Pflaster zu heiß und auch um die Königin nicht zu gefährden, verlässt er Paris wieder. Aber genau neun Monate, nachdem er abgereist ist, wird 1785 Ludwig der XVII geboren!

1789 endet mit der französischen Revolution diese Epoche. Die aufgestaute Unzufriedenheit und die Unterdrückung der Bevölkerung entladen sich. König und Königin werden eingekerkert und die Hinrichtung erwartet sie.

Oft reist Axel von Versen verkleidet nach Frankreich ein und versucht sich um Marie Antoinette zu kümmern. Unter seiner Federführung gelingt sogar die Flucht, aber bei Varennes werden alle wieder verhaftet, die Flucht misslingt. Sie und ihr Mann werden hingerichtet.

Auch Schweden erlebt eine unruhige Zeit. Gustav III. wird bei einem Maskenball erschossen und das Land verliert Finnland an Russland. Wie immer, ein Unglück kommt selten alleine, in der Folgezeit bleibt man ohne Thronfolger.

Ein Leutnant Mörner, der in Frankreich als Kurier unterwegs ist, hat eine Idee. Warum nicht einen Marschall Napoleons zum schwedischen König erheben. Ihm schwebt einer der berühmtesten vor, Marschall Bernadotte. Obwohl dieser oft anderer Meinung war als Napoleon, schätzte er ihn sehr.

Es gelingt Leutnant Mörner, erst Marschall Bernadotte, das schwedische Volk, die schwedische Regierung und auch Napoleon zu überzeugen, eine Meisterleistung. Nicht ganz unbeteiligt war auch Désirée, die Frau Bernadottes. Sie war die Verlobte von Napoleon gewesen und leistete wohl auch Überzeugungsarbeit.

Seit dieser Zeit hat Schweden keinen Krieg mehr erlebt und König Carl XVI. Gustav, der Mann von Königin Silvia, ist auch ein Bernadotte.

Fast allen Menschen sind die Welfen mit Ernst August von Hannover aus der Klatschpresse und Fernsehen negativ bekannt. Zweifellos fällt er extrem aus dem Rahmen und auch seine Frau Caroline von Monaco glänzt vor allem durch Arroganz. Das Paar ist natürlich ein gefundenes Opfer der Presse, nicht ohne eigene „Bemühungen“.

Die Welfen sind das älteste deutsch-englische Adelsgeschlecht und selbst Königin Victoria entstammt ihm. 1866 mussten sie durch die Preußen das Land verlassen und ließen sich im Exil in Österreich nieder. Eine sehr turbulente Geschichte, denn durch den Wiener Kongress hatten sie kurz zuvor nach dem Schrecken Napoleons gerade erst Ländereien und Besitztümer zurückbekommen.

Auch den Grimaldis, ursprünglich einem Adelsgeschlecht aus Genua, erging es ähnlich. Durch Auseinandersetzungen verloren sie erst alles und durch eine List gelang es ihnen schließlich, wenigstens Monaco als Familiensitz zurückzuerwerben.

Wie streng es noch heute bei den Welfen zugeht, zeigt die Tatsache, dass Ernst August 1999, als er Caroline von Monaco heiraten wollte, Elisabeth die II. um Erlaubnis fragen musste. Was die Windsors von den Grimaldis halten, zeigt sich daran, dass man noch nie jemanden von Rang bei ihnen gesehen hat, wenn ein großes Ereignis stattfand. Monaco wird nur so gesehen, die Klatschspalten bestimmter Presse zu füllen. Die Engländer nehmen es nicht so ernst, es ist für sie ein „Operettenstaat".

In den letzten Jahrzehnten, angefangen bei Gracia Patricia, sorgten vor allem private Turbulenzen für Stoff, um die Auflagen der Blätter in die Höhe zu treiben.

Uns Deutschen steht das holländische und das schwedische Königshaus sehr nahe. Kein Wunder, bei der Abstammung. Die olympischen Spiele 1972 in München wurden für Silvia Sommerlath zum Märchen. Als Hostess war sie ausgewählt worden, um Ehrengäste zu betreuen. Darunter auch der schwedische Thronfolger Carl Gustav. Sie spricht ein wenig Schwedisch, ihr Vater hatte beruflich für eine schwedische Firma gearbeitet.

Nach der Begrüßung hatte es wohl gleich gefunkt, aber erst nach vier heimlichen Jahren wurde die Öffentlichkeit über die Beziehung mit dem deutschen Mädel aus Heidelberg aufgeklärt. 1976 heirateten die beiden auf Schloss Drottningholm. Mit ihrer Herzlichkeit und Ausstrahlung erobert sie die Herzen der Schweden. Heute ist Königin Silvia eine Institution in der Welt und sozial sehr engagiert.

Sehr volksnah ist auch das holländische Königshaus. Als Claus von Amsberg, ein deutscher Diplomat, Beatrix 1966 heiratet, sind die Widerstände in Holland sehr groß. Aber es war wohl wirklich eine Liebesheirat und die holländische Thronfolgerin war nicht bereit zu verzichten.

Der Zweite Weltkrieg mit den deutschen Greueltaten in Holland war erst 20 Jahre vorbei. Die Wunden waren zwar verheilt, aber die Narben schmerzten immer noch sehr. Es dauerte einige Zeit, dann hatte auch Claus große Anerkennung erfahren. Er entwickelte sich zu einem hervorragenden Botschafter Hollands in der Welt, sprach die Sprache perfekt und verstand es, sich immer intelligent im Hintergrund zu halten. Man sah Beatrix wirklich immer an, wie glücklich sie war. Nach 100 Jahren wurden gleich drei männliche Thronfolger geboren, bisher gab es immer nur Thronfolgerinnen.

Aber wo es Sonne gibt, ist auch Schatten. Die Ausrutscher von Carl Gustav, in der Presse groß herausgebracht, meisterte die Königin mit Bravour. Auch die Enthüllungen über den Vater von Beatrix, Prinz Bernhard, waren alles andere als harmlos.

Schließlich die schreckliche Krankheit von Prinz Claus und sein früher Tod.

Heute sind Wilhelm Alexander und Maxima unglaublich beliebt, nicht nur in Holland.

Generell ist vor allem der Hochadel in aller Welt beweglicher geworden. Man begibt sich inzwischen auch schon in die „Niederungen", wenn Bürgerliche einheiraten.

In Japan dagegen geht es nach wie vor unerbittlich zu. Ein strenges Protokoll wird gnadenlos eingehalten, die älteste Dynastie der Welt verursacht vor allem keinerlei negative Schlagzeilen. Große Probleme und Kopfschmerzen verursachte in jüngerer Zeit die Geburt „nur" einer Thronfolgerin und keines Thronfolgers.

Die Frau des jetzigen Thronfolgers Masako entstammt einer Diplomatenfamilie und hat in Harvard studiert. Sie erkrankte nach der Geburt an schweren Depressionen, warum, wurde nicht bekannt. Das japanische Parlament musste sich nun den Kopf darüber zerbrechen, ob und wie eine Gesetzesänderung den neuen Gegebenheiten Rechnung tragen könnte.

Zur gleichen Zeit befand sich das englische Königshaus, die Windsors, in einer absoluten Krisenzeit. Es gab nur negative Schlagzeilen, eine Ehe nach der anderen zerbrach und der Gipfel war das Drama um Diana. Kein Wunder, wenn man wie im Kühlschrank erzogen wird, kann man später auch an den Partner nur Kälte weitergeben.

Die Japaner sind zwar extrem zurückhaltend, aber das betrachteten sie nun mit einer gewissen Schadenfreude. Keiner veranstaltet ja so einen Wirbel wie die Engländer, als wäre man noch immer eine Weltmacht, und sie erscheinen auch vielen Menschen immer noch als ziemlich arrogant.

Mit der neuen Generation hat sich aber nun der Wind kräftig gedreht und auch die Queen hat wohl in ihrem Alter noch dazugelernt. Man kann wirklich feststellen, Diana hat dazu beigetragen dass das englische Königshaus in der heutigen Zeit angekommen ist.

LANDLEBEN

Clara war heute nicht mehr wiederzuerkennen. Sie kehrte die Terrasse des Hauses und sang leise ein Lied. Ihr Blick wanderte durch den Garten und über das Dorf hinweg. Seit November herrschte strenger Winter und nun, im März, schien es überstanden zu sein. Der Frühling knisterte und sogar die Mücken veranstalteten ihren Tanz. Die ganze Natur schien zu erwachen. Die Forsythien an der Einfahrt zur Garage waren voller Knospen und schon leicht gelb. Überall blühten die Schneeglöckchen, eine so freundliche Begrüßung. In den letzten Tagen hatte die Briefträgerin Clara immer freundlicher begrüßt und entzückt die Blütenpracht bewundert, sonst überhaupt nicht ihre Art. Es schien, als ob auch bei ihr die Knospen langsam aufgingen, die berühmten Frühlingsgefühle.

Sie hatte es nicht leicht im Leben und jeder im Dorf wusste, dass ihr Mann ein chronischer Fremdgänger war. Als Finanzprüfer musste er viele Hausbesuche machen und wie das so ist, wenn man sich näherkommt, konnte es ja sein, dass manche Unregelmäßigkeiten in den Unterlagen übersehen wurde. Wie so oft, die einzige, die scheinbar nichts wusste oder nichts wissen wollte, war die Ehefrau.

Noch ein oder zwei Tage mit diesen Temperaturen und die Magnolien würden aufgehen. Ein Baum hatte eine zarte rosa Färbung und der andere war weiß. Hunderte von Osterglocken und Tulpen streckten sich in die Höhe, als könnten sie es nicht erwarten, endlich farbenfroh zu erblühen. Im Herbst hatte Clara überall Blumenzwiebeln gepflanzt. In den Kübeln am Haus, auf dem Balkon und der Terrasse stand schon alles in voller Pracht. Die Wärme des Hauses strahlte aus und so erschienen die Boten des Frühlings hier neugierig etwas früher.

Besonders gespannt war sie wieder auf die japanischen Kirschen, die rund um das Haus auf dem Grundstück verteilt waren. Ihre Freundin Helene aus der Großstadt hatte ihr oft von Japan erzählt. Sie war ein großer Fan dieses Landes, die Sitten, die traumhaften Gärten, die insgesamt hohe Kultur auf allen Gebieten und die Verbindung von modernem Land und Tradition, sie konnte sich für alles begeistern, nur die „Unterdrückung" der Frauen dort war ihr ein Dorn im Auge. Clara war hier wieder einmal anderer Ansicht, seit sie persönlich Japaner kennengelernt hatte. Die hatten ihr erklärt, dass die japanische Gesellschaft im Grunde eine sogenannte „Männergesellschaft" sei, aber nur im Berufsleben und in der Politik. Was die Kinder und das Haus angeht, habe aber die Frau in Japan die Hosen meist an. Man muss also differenzieren.

In Japan beginnt die Kirschblüte im tropischen Süden und wandert dann in einigen Wochen immer mehr nach Norden bis zur Insel Hokkaido. Dort wird sie immer besonders sehnsüchtig erwartet, der Winter ist dort oft streng wie in Sibirien. Alle wollten schon lange einmal hinfliegen, aber leider hatte es bis heute noch nicht geklappt.

Auch die Vögel waren heute außer Rand und Band. Jeder versuchte, den anderen zu übertönen, und besonders der Buchfink hatte Ausdauer. Es ging schon früh am Morgen los und hörte erst am Nachmittag auf, man schien ermattet. Erstaunlich auch der Zaunkönig, mit welcher Lautstärke sich der Winzling Gehör verschaffte.

Zu Weihnachten hatte Helene zwei Meisenkästen geschenkt und nun ging unter den Konkurrenten der Kampf um die Nistplätze los. Erstaunlich, wie die kleinen Blaumeisen sich gegen die größeren Kohlmeisen zur Wehr setzten, und auch Kleiber mischten ordentlich mit.

Den ganzen Winter über hatte Clara ihre Lieblinge gefüttert und in der Tat, sie waren ungewöhnlich zutraulich.

Sie kaufte nicht einfach Futter, nein die eigenhändige Zubereitung gestaltete sich wie ein Ritz-Menü. Nüsse, Nussbruch, Sonnenblumenkerne und Haferflocken mit Sonnenblumenöl getränkt, leicht erwärmt, wurden gemischt, für jeden etwas. Finken und Dompfaffe fressen nur Körner, Amseln, Rotkehlchen eher Weichfutter und Meisen alles.

Gerade jetzt, wo der Vogelbestand überall rapide abgenommen hatte, musste man doch etwas tun. Die Ursachen sind vielfältig, es gibt immer weniger Insekten, die Monokulturen der Landwirtschaft, der Einsatz von Pestiziden. Damit finden die Vögel auch immer weniger Nahrung. Daher, die neuesten Forschungen unterstützen das, soll man auch im Sommer zufüttern wenn Jungvögel zusätzlich gesättigt werden müssen.

Man merkt es doch auch, wenn man mit dem Auto ein Stück Autobahn fährt. Was war früher die Frontscheibe voller Insektenleichen. Heute sieht man nur noch ganz wenige.

Hansi, das knallrote Dompfaffmännchen, und Blacki, das Amselmännchen, fraßen fast aus der Hand. Immer wenn das Futterhäuschen vor dem Küchenfenster leer war und Hansi tauchte auf, ertönte sein klägliches Piepen, ich verhungere gleich. Clara füllte auf und Zufriedenheit machte sich breit. Nun wurde sie dafür belohnt, einfach wunderbar.

Eine brütende Meisenfamilie frisst im Laufe der Aufzucht seiner Jungen ungefähr einen Zentner Raupen und andere Schädlinge. Man braucht nicht zu spritzen oder andere Maßnahmen ergreifen.

„Albert, du musst jetzt aber auch noch mit dem Hund gehen“, meinte Clara zu ihrem Mann, „das Tier hat sich heute noch nicht richtig bewegt, das bischen im Garten ist zu wenig.“

„Ich habe noch soviel im Haus zu tun, reicht es denn nicht, ihn einfach in den Garten zu lassen?“

„Nein, du weißt ganz genau. wie wichtig Bewegung für das Tier ist.“

„Kannst du denn nicht schnell mit ihm die Runde drehen?“

„Ich muss gleich kochen und dann schaffe ich es nicht, mach deine Sachen bitte später.“.

Vor Jahren hatte man sich einen Hund angeschafft, wohl mehr um sich selber zu beruhigen. Dauernd hörte man von Einbrüchen und Kriminalität, die auch hier auf dem Land immer schlimmer wurde. Bei einem Beratungsabend durch die Polizei im Dorf wurde betont, dass schon das Bellen eines kleinen Hundes erfahrungsgemäß Einbrecher fernhalten würde. Auch längere Aktionen mögen sie garnicht, es muss alles schnell gehen, damit es nicht auffällt.

„Unsere Politiker lassen ja alles und immer mehr in unser Land, hast du gestern Abend XY gesehen, Helene hat mir erzählt, da haben Einbrecher mit osteuropäischem Akzent eine alte Frau in ihrem Haus überfallen, schlimm."

„Nein, ich habe gelesen, aber bei uns ist es ja nicht anders. Man kann im Dunkeln in den Städten nicht mehr alleine nach dem Besuch einer Veranstaltung zum Auto auf dem Parkplatz gehen, ohne dass man überfallen wird. Wenn ich dann die Politiker höre, wird mir ganz schlecht. Die sind ja auf Steuergelderkosten in ihren Dienstvillen, Privatvillen und Ferienvillen bestens bewacht und spucken große Töne. Die haben ja überhaupt keine Ahnung mehr, was bei der Bevölkerung läuft. Vor kurzem hat sich sogar die Polizeipräsidentin geäußert, im Grunde sei die Kriminalität hier bei uns im Vergleich zu anderen Gegenden gering. Die soll doch ein paarmal am Abend mit der Bahn oder dem Bus fahren, dann bis zu ihrer Wohnung zu Fuß gehen, dann werden wir ja sehen. Wenn sie das fünfmal übersteht, ohne überfallen zu werden, ist es ein Wunder.

„Die hat ja keine Ahnung, die ist doch auch über die Partei dorthin gekommen."

„Ich wäre dafür, die Bewachung aller Politiker einzustellen, die Polizei müsste sich weigern. Die dürfen immer den Kopf hinhalten, bekommen immer mehr Aufgaben, gleichzeitig werden überall Stellen eingespart und wenn sie sich im Dienst wehren und schießen müssen, fallen als erstes die Politiker und bestimmte Presse über sie her."

„Du sollst mal sehen wie schnell sich die Politik im Sinne der Bevölkerung ändern würde, wenn die Politiker dann überhaupt noch dazu in der Lage wären."

Man kommt so richtig in Wallung.

In der Nähe befand sich eine Doggenzucht und nachdem man öfters dort war, wuchsen die sanften Riesen immer mehr ans Herz. Albert erfuhr von dem Züchter, dass auch Bismarck Doggen hatte. Wenn es seine Zeit erlaubte, unternahm er sehr gerne Wanderungen in den Wäldern auf seinem Landsitz in Pommern. Die Ruhe dort war wohltuend und es gelang ihm fernab von der anstrengenden Politik in Berlin, aufzutanken und neue Pläne zu schmieden. Leider war es ihm nicht so oft vergönnt und so nahm er natürlich die Tiere auch mit nach Berlin. Selbst bei Sitzungen und Konferenzen waren die Tiere oft als „Assistenz" anwesend, nicht ohne Folgen.

Seine Lieblingsdogge hieß Sultan und einmal musste sogar die Hose des russischen Außenministers dran glauben. Das Auswärtige Amt und die Diplomaten befürchteten wegen des Namens sogar diplomatische Probleme mit den arabischen Ländern und legten Bismarck nahe den Namen zu ändern. Aber da bissen die Herren auf Granit.

Nachdem Sultan starb, hatte sich „Herrchen" immer mehr verändert, sogar Tränen flossen. Er igelte sich ein und war für Tage nicht mehr zu sprechen. Wenn es diesen Tieren gelang, so einen harten Knochen wie Bismarck zu erweichen, mussten sie etwas besonderes an sich haben.

Nach dem Kauf war Albert wild entschlossen, das Tier Bismarck zu taufen. Die Geschichte hatte ihn sehr beeindruckt, aber Clara war anderer Ansicht.

„Das können wir hier im Ort nicht machen, die Leute meinen ja, wir hätten ne Ecke ab."

„Was interessieren mich die Leute, die haben doch selber genug mit sich zu tun."

Schließlich einigte man sich auf Falco, eine wunderschöne Silberdogge.

Albert ging los. Normalerweise führt der Weg hinter dem Haus das Feld hoch und um das Dorf herum zurück. Durch den vielen aufgetauten Schnee war es aber zu matschig und so marschierte man durch das Dorf.

Das Haus steht in einem Neubaugebiet und es gab hier schon viel Ärger unter den neuen Nachbarn, wie sicher fast überall. Obwohl die meisten Grundstücke an Einheimische verkauft wurden, sind manche aus der Stadt zugezogen. Die Frauen haben hier die Hosen an und die Männer sind wie Hausdackel. Die Häuser sind eher bescheiden und zweckmäßig.

Die meisten Einheimischen hingegen waren durch Bims zu beträchtlichem Wohlstand gekommen. Der Vulkan des heutigen Laacher Sees hatte bei seinem Ausbruch die heiße Lavaasche weit in Richtung Eifel geschleudert. Verschiedene Bimsfirmen in der Region bauten diesen Bims aus den Feldern ab gegen gute Bezahlung. Oft waren die Schichten mehrere Meter dick, für die Besitzer bares Geld.

Man sah es den Häusern an, eines schöner und prachtvoller als das andere. Clara meinte immer, „in unserer Straße haben manche Architekten wirklich die Tollwut haben können“.

Die verschiedensten ausgefallenen Gauben, wunderschöne Rundbogenfenster, Schwarzwaldhäuser, norddeutsche Klinkerhäuser, beleuchtete Gärten mit ausgefallenen Gewächsen und automatischer Bewässerung, alles gab es. Die Baubestimmungen waren scheinbar großzügig, nur die maximal zweigeschossige Bauweise musste wegen des Gesamtbildes eingehalten werden. Die Pracht konnte sicher jeden Vergleich mit Villengegenden in der Stadt bestehen.

Albert war noch nicht ganz aus dem Haus, da hörte er von zwei spielenden Kindern: „Schnell nach Hause, da kommt der Mann mit der Bestie.“

„Von wem hast du das denn gehört, der Falco ist doch ein ganz lieber Hund?".

„Von meiner Mutter, die hat uns das gesagt".

„Dann bestell deiner Mutter einen schönen Gruß von mir, sie hätte ein gefährlicheres Mundwerk als der Falco."

Ohne sonst noch etwas zu sagen ging er weiter.

Der Ärger hatte angefangen, als es darum ging, die Anliegerstraße zu gestalten und zu bezahlen. Die drei zugezogenen Familien machten Vorschläge und führten das Wort. Von Altstadtpflaster und Kastanien war die Rede, aber als die Kosten präsentiert wurden, herrschte Schweigen. Nach langen Diskussionen einigte man sich endlich und wer dachte, wunderbar, nun kehrt dörfliche Ruhe ein, Fehlanzeige.

Den Einheimischen war die 30er-Zone recht, aber nein, es musste eine Spielstraße sein, obwohl es so gut wie keine Kinder gab. Auch sollten an einigen Stellen Blumenkübel aufgestellt werden, um schnelles Fahren zu verhindern. Das ist aber auf dem Land schlecht, denn große Landwirtschaftsfahrzeuge wie Mähdrescher mussten schließlich ungehindert überall durchkommen. Die Meinungsunterschiede schaukelten sich auf und wie in Deutschland üblich traf man sich vor Gericht.

Mit der Rechtsprechung ist es dann natürlich nicht getan, die Nachbarschaftsstimmung ist vergiftet und nun lernte man den rustikalen Charme des Dorf- und Landlebens kennen.

An einem traumhaften Nachmittag waren Clara und Leni zwei Grundstücke voneinander entfernt in ihren Gärten. Leni war die Dorffriseuse. Sie konnte durch Haushalt und Kinder nicht mehr außer Haus arbeiten gehen und hatte in ihrem Suterain einen Raum eingerichtet, um die Damen des Dorfes nebenbei zu verschönern, kannte jeden und wusste alles.

„Clara du kennst mich doch, mir kannst du alles sagen, von mir erfährt keiner was." Jeder im Dorf wusste aber, wenn es Leni erfahren hatte, war es im Dorf rund. Wenn man wollte, dass etwas die Runde machte, musste man es ihr nur sagen, quasi gezielte Indiskretion.

Die eindrucksvolle optische Erscheinung, weit über 1,80 m groß, zwei Zentner und sehr blond, trug zur Abrundung bei.

Mit der ganzen Resonanz ihrer Stimme und Erscheinung begrüßte sie Clara lautstark.„Ich habe dich so lange nicht mehr gesehen, war was nicht in Ordnung?"

„Nein, alles bestens, aber du weißt ja, in unseren großen Häusern hat man doch ganz schön zu tun, um alles in Ordnung zu halten."

„Da hast du recht, immer wenn ich was Neues höre, ist es Ärger mit den Zugezogenen aus der Stadt."

„Wie gut, dass es nur so wenig sind. Die mit ihren Knusperhäuschen und sechsstelligen Hypotheken blasen sich ja hier auf und denken, die Kühe vom Land sind alle blöd und denen müssen wir zeigen, wo es lang geht. Wenn das mehr wären hätten wir bald hier im eigenen Dorf nichts mehr zu sagen. Die müssen sich irgendwann hier intrigieren, anders geht das nicht."

Sie wollte sich etwas gewählter ausdrücken, aber so richtig klappte es nicht. Als Zugabe bekam Clara aber noch den neuesten Witz schallend zu hören. Den hatte ihr gestern Abend ihr Mann erzählt, wie sie berichtete.

„Auf einem Empfang unterhalten sich zwei Männer und der eine sagt, sehen Sie doch mal da vorne die beiden hübschen Damen, die blonde ist meine Frau und die dunkle, mit der sie sich unterhält, ist meine Geliebte. So ein Zufall, sagt der andere, bei mir ist es genau umgekehrt.

Ist der nicht herrlich, Leni, aber für so ein Durcheinander haben wir hier überhaupt keine Zeit. Da gibt es im Dorf andere, die sich die Zeit nehmen und ja so modern sind."

Die Zielrichtung war klar. Clara war es unangenehm, auf dem Grundstück gegenüber war eine der Städterinnen auch im Garten. Durch Lenies enormes Organ schallte es über das ganze

Dorf und war nicht zu überhören. Wieder ein Tropfen Öl ins Feuer.

Am 1. Mai werden auf dem Land traditionell Streiche gespielt. Prompt hatten am Morgen die „Störenfriede“ aus der Stadt jeder vor seiner Tür eine Mistladung.

Die Krönung war aber vorerst eine Begegnung beim Dorfmetzger. Der kleine Laden war Samstagvormittag immer ganz schön voll und eine Bäuerin aus dem Dorf kannte niemanden aus dem Neubaugebiet. Sie plauderte ganz unbefangen und natürlich war das Thema Ärger im Dorf am interessantesten.

„Das ist aber auch was Resi mit den Blumenkübeln in der Neubaustraße. Wenn die das durchkriegen, kommen wir mit unseren großen Wagen nicht mehr durch und müssen den Umweg ums ganze Dorf machen. Wir sind stinksauer. Ich kann mir vorstellen, wenn das jetzt immer früher dunkel wird und die kommen nach Hause, müssen se aufpassen, dass die nicht mal einen vor ihr Zifferblatt bekommen.“

Unter den Kundinnen war auch eine der „Störenfriede“ und das war wohl zuviel. Im Dorf erschien die Polizei, man fühlte sich bedroht.

Albert gingen die ganzen Dinge durch den Kopf, während er mit Falco seine Runde drehte.

Wie kann man so ungeschickt sein und als neu zugezogener gleich auf Konfrontationskurs gehen? Da würde ich mich doch erstmal zurückhalten. Aber sie würden schon sehen, schnell hätten sie das ganz Dorf gegen sich.

UNSER NACHBARHUND ARTUS

An einem herrlichen Frühlingsvormittag entschloss ich mich, die Ränder der Terrasse zu bepflanzen. Sie liegt im Blickfeld des Wohnzimmers und die Blütenpracht steigert nach einem langen Winter die Ungeduld auf das Erwachen der Natur.

Ich hatte hervorragende Assistentinnen. Cara, die wunderschöne Silberkatze des Hauses, und Daisy, eine pfiffige „Westhighländerin". Sie gesellten sich zu mir, natürlich in der Sonne liegend. Ihre Arbeit beschränkte sich allerdings darauf, aufzupassen, ob ich auch alles richtig machte. Nach einer Weile war die eine Seite mit farbenfrohen Stiefmütterchen fertiggestellt. Dazwischen streckten sich schon Tulpen und Osterglocken neugierig in die Höhe, wunderbar und freundlich anzusehen. Balsam für die arg strapazierte Winterseele.

Plötzlich wagte es der Nachbarhund Artus, ein mittelgroßer, ziemlich ungehobelter Mischling, in unseren Garten zu springen und auf dem Rasen ausgiebig zu pinkeln.

Die beiden „Herrinnen" des Hauses waren sehr ungehalten. Er hat zwar einen königlichen Namen, benimmt sich aber immer wie Pöbel, dachten sie bei sich.

Nachdem er sein Geschäft gemacht hatte, erblickte er uns und bellte fürchterlich, weil er keine Katzen mag. Normalerweise ignoriert Cara diesen Flegel und zwischen Daisy und Artus besteht ein gewisser Waffenstillstand.

Jetzt allerdings war seine Haltung derart drohend, das konnte nicht geduldet werden und schon garnicht auf für ihn fremdem Territorium. Die Terrasse war zum Glück etwa 1,50 Meter hoch, man hatte also einen gewissen Überblick und ich war ja auch noch da.

Cara fauchte leicht und grollend und mit ihrem Buckel wirkte sie fast doppelt so groß, während Daisy mindestens wie ein superscharfer Wachhund Respekt einflößend bellte.

Man hatte den Eindruck, gemeinsam sind wir stark. Langsam, aber sicher begann auch tatsächlich der vorsichtige Rückzug des Eindringlings, natürlich ohne das Gesicht zu verlieren.

Durch den großen Lärm sah sich die Nachbarin genötigt, unseren Störenfried hereinzurufen. Da er aber überhaupt nicht gehorchte, musste sie ihn persönlich energisch zurückholen.

Wohltuende Ruhe kehrte wieder ein, aber Daisy war noch nicht fertig, und dieses Ritual gab es jedesmal.

Genußvoll begab sie sich in den Nachbargarten mit ziemlich hohem Gras und machte dort einen Riesenhaufen. So, mein Guter, das hast du davon, das können wir einfach nicht dulden.

Völlig außer sich vor Freude und Wohlbefinden kam sie schließlich zurück und auf der Terrasse konnte die Beaufsichtigung des Gärtners weitergehen.

IM CAFÉ IN TOKYO

Was hat die Zubereitung von Kaffee in den letzten Jahrzehnten für Aufregung gesorgt. Es fing alles so nostalgisch an, Kaffeekanne, Filter, Filterpapier und Kaffee, pro Tasse ein Löffel und ein Löffel „für die Kanne". Es roch so wunderbar, wenn man das kochende Wasser auf den Kaffee goß und für viele Menschen war es am Morgen das beste „Weckmittel".

Diese Art der Zubereitung hat sich bis heute in den Cafés von Tokyo erhalten. Japan ist im Grunde ja das Land des Tees und Kaffee gilt noch immer als etwas besonderes, vor allem wenn er in einem der Cafés genossen wird.

Wir gehen am liebsten in unser Stamm-Café in einer winzigen Seitenstraße von Minato-Ku, unserem so liebenswerten Stadtteil. Man kann alles zu Fuß erledigen, es ist überschaubar und doch bekommt man alles. Große Kaufhäuser liegen inmitten von zahllosen kleinen Geschäften und Lokalen, das alles nur zehn Minuten von meiner Wohnung entfernt. Ich brauche nur den kleinen Berg herunterzugehen und schon bin ich im Getümmel.

Das Café ist den Wiener Etablissements nachempfunden, aber viel kleiner. Für eine Tasse Kaffee mit ein wenig Gebäck zahlt man schnell 10,- Euro. Allerdings ist, wie in Japan üblich, das Ambiente bombastisch. Auf einem kleinen Tablett mit einem alten Motiv nur massives Silber, eine sehr schöne Serviette, Gebäck und, ach ja, die Hauptsache, der Kaffee in einer ziemlich kleinen Tasse aus erlesenem Porzellan, ein Kristallglas mit Wasser.

Für den schnellen Besuch ist es ungeeignet. Die Zubereitung dauert ziemlich lange, denn jeder Kaffee wird frisch mit der Hand aufgegossen. Kleine Kanne, Porzellanfilter, Filterpapier, Kaffee, und los geht es. Sehr oft alles noch von Melitta, den deutschen Pionieren.

Der Duft ist umwerfend und das Publikum auch. Die Japaner sind bekannt dafür, dass sie auf den Weltmärkten nur die besten und teuersten Arabica-Kaffeesorten aufkaufen.

Unser kleiner, gemütlicher Treffpunkt gehört zum Mittelpreislevel. Es ist teuer, aber nicht sehr teuer. In den Cafés in der Ginza, dem teuersten Einkaufsviertel, kann eine Tasse auch schon einmal 1500 Yen, das sind über 20 Euro, kosten.

Am Nachmittag gibt es einen Spezialpreis für Keiki, Kaffee und Kuchen, aber auch hier kommt es auf den Kuchen an. Ein kleines Stück Trockenkuchen kann es mit Schwarzwälder Kirsch oder Ähnlichem natürlich nicht aufnehmen. Der absolute Favorit ist in Japan aber der Baumkuchen, ist ja auch was Feines. Man kann kommen, wann man will, fast immer ist er ausverkauft. Ich denke immer an die vielen Eier, die verarbeitet werden, und den Cholesterinspiegel. Aber auch das ist ja nach den neuesten Erkenntnissen nicht mehr so schlimm. Andererseits kommt es auch auf die Sichtweise an. Meine Freundin Kimiko meint ab und zu, „heute legen wir mal wieder einen Obsttag ein, zwei Stücke Obstkuchen mit Sahne“. So kann man das natürlich auch sehen.

Am Mittag gibt es auch Toast, Sandwiches oder eine Kleinigkeit mit Reis. Neuerdings auch Schwarzbrot mit wunderbaren französischen Käsesorten, hier noch exotischer.

Neben dem sehr interessanten Stammpublikum gilt es aber auch weitere Menschen hereinzulocken und so muss der Eingang schon vieles versprechen. Bombastische Türen mit dunklem Holz und viel hochglänzendem Messing, künstlicher starker Kaffeegeruch und dezente, draußen zu hörende Walzermusik machen neugierig. Wer was auf sich hält, trifft sich hier zum Rendezvous oder mit Freunden, oder auch kurz in der Mittagspause.

Wenn man am Nachmittag früh geht, ist es noch schön leer, und das ist immer unsere Zeit. Es ändert sich aber schnell und sehr schöne Japanerinnen strömen herein. Eine Stammkundin, die wir hier schon öfters gesehen haben, ist heute auch wieder da. Wie immer liest sie in einem Buch, genießt den Kaffee mit Gebäck und raucht Zigarette auf einer langen Spitze mit zusätzlichem Filter. Das alles ist ca. 25 cm lang und sieht toll aus.

Diese „Kiseru“, wie man die Zigarettenspitzen hier nennt, haben in Japan eine lange Tradition. Schon aus der Edo-Zeit gibt es Abbildungen, die eine Geisha mit solch einer Spitze zeigen. Meist sind sie sehr edel aus Elfenbein, Silber oder Gold.

Wer erinnert sich nicht an den Film „Frühstück bei Tiffany“ mit Audrey Hepburn. Zu fortgeschrittener Stunde, als alle Gäste bei einer Party schon ordentlich „getankt“ hatten, zündete Audrey, ohne dass sie es bemerkte, mit so einem langen Gerät die Haare einer Freundin an. Der nette Begleiter, wohl der einzige, der noch nüchtern war, wusste sich aber zu helfen und löschte einfach mit einer vollen Blumenvase. Die atemberaubende Hochfrisur hätte sehr viel Nahrung für das Feuer geboten, das wäre der Dame dann aber mit Sicherheit nicht verborgen geblieben.

Unsere japanische Café-Besucherin hat einen großen runden Strohhut auf und der Stoff rundherum passt genau zu ihrem mittellangen dunkelblauen Rock. Der Gürtel mit einer riesigen Schnalle passt zu ihrem üppigen Modeschmuck, der sehr dekorativ auf der elfenbeinfarbigen Bluse prangt. Der Lippenstift ist dezent, kein knalliges Rot, sondern eher fast ein Rostbraun, sehr apart. Passend dazu die Fingernägel. Sie macht sich immer so perfekt zurecht und man sieht es ihr an, dass sie den Besuch genießt.

Natürlich merkt sie, dass wir schauen, es ist ihr nicht unrecht. Auch Kimiko ist voller Anerkennung, man könne sich noch viele Anregungen holen. Hier ist auch der Ort, wo man den Eindruck hat, jemanden kennenzulernen, wäre nicht unerwünscht. Die ganze Atmosphäre ist angenehm und gepflegt, besonders jetzt im Winter eine schöne Abwechselung.

Kimiko hat mir schon öfters gesagt, dass manche Japanerinnen ganz scharf auf europäische und amerikanische Männer seien.

Die japanische Gesellschaft ist doch noch immer im Grunde eine Männergesellschaft, auch wenn die Frauen zu Hause das Sagen haben.

Um noch einmal auf die Zubereitung von Kaffee zu kommen, nach den Filtermaschinen gab es die kleinen „Patronenmaschinen“. Die Industrie ließ sich immer mehr einfallen und die Ungetüme wurden größer und größer, die Preise auch.

Viele Menschen waren mit löslichem Kaffee zufrieden. Seit geraumer Zeit scheint sich so langsam wieder der gute alte Filter durchzusetzen, wie bei der Mode, es kommt alles wieder und Nostalgie hat doch was Schönes.

PARTYGEFLÜSTER

In diesem Jahr ist der September extrem schön und warm. Im Sommer konnte ich keinen Urlaub machen, keine Zeit. Ich tröste mich, hasse ich doch die Hochsaison, überall ist es überfüllt, teuer, genervtes Personal und viel zu heiß.

Nun erwartet mich New York, entweder liebt man die Stadt oder man hasst sie. Ich tendiere zu einem Mittelweg. Für kurze Zeit ist eine faszinierende brodelnde Masse, die immer im Laufe des Tages zur Höchstform aufläuft, reizvoll. Dauernd hier wohnen könnte ich nicht. Die UN-Generalversammlung versammelt nicht nur alles aus der Weltpolitik. Künstler, Wirtschaftsleute, Manager und alle, denen durch die Politik die Wege in aller Welt geebnet werden, suchen den Kontakt.

Möglichkeiten gibt es mehr als genug, eine Einladung nach der anderen weckt Erwartungen.

Zunächst liegt aber der 8-stündige Flug vor mir. Seit einem längeren Aufenthalt in Asien und den Flügen immer über zehn Stunden hasse ich alles, was über vier Stunden hinausgeht.

Schlafen kann ich im Flugzeug so gut wie nicht und so beschäftige ich mich mit dem Unterhaltungsprogramm und lesen. Noch immer vier Stunden bis zur Landung.

Endlich ist es so weit und wir setzen sanft auf.

Herta, meine befreundete Bekannte aus Österreich, hat mir ein nettes kleines Zimmer im Village besorgt, sie selber wohnt noch immer in einem der gut bewachten Wohnhäuser. Wenn sie Besuch bekommt, sind die Anmeldeformalitäten wie bei der Inquisition. Der Pförtner meldet in seiner Kugel- und schalldichten Kabine telefonisch an und zwei Hauspolizisten eskortieren bis zum Inhaber der Wohnung. Es ist schon sehr beruhigend, derart zu wohnen. Ihr Appartement ist winzig und sehr teuer. Da sie immer auf Abruf bereitsteht und dauernd irgendwelche Leute aus der Modebranche vorbeischauen, ist Besuch bei ihr nicht so prickelnd.

Inzwischen hat sie in dem Moloch Wurzeln geschlagen und kennt natürlich unheimlich viele Leute. Beste Voraussetzung für Einladungen. Noch immer hat sie sich nicht an die amerikanische Oberflächlichkeit gewöhnt. Überschwänglich unterhält man sich bei Partys mit wildfremden Leuten, als würde man sich schon Jahre kennen, bekommt natürlich die Visitenkarte und „we keep in touch“. Von den meisten hört man danach aber nie mehr was.

Ihre inzwischen beste Freundin, Barbara, ist Klatschreporterin bei einem Sender in Los Angeles. Dort gibt es natürlich immer was von den Hollywoodgrößen und dem drumherum zu berichten, aber New York ist noch spezieller.

Sie wohnt in Scarsdale, einem kleinen Vorort ca. 40 km außerhalb der Stadt. Die „Boston-Line“ und andere Bahnverbindungen funktionieren gut, eine halbe Stunde und man ist im Zentrum. Ein Auto ist unpraktisch und zwecklos. Sie ist auch ein großer Fan von Anthony Perkins, der als Weltstar immer alles mit dem Fahrrad erledigt hatte. Leider sind da die Möglichkeiten für Frauen mit Frisur und Klamotten doch eingeschränkt. Im Sommer ist es meist zu heiß und man schwitzt und im Winter pfeift der Wind bitterkalt durch die Häuserschluchten, no way.

Barbara ist schon lange im Geschäft und immer, wenn sie über Neues berichtet, hängt man an ihren Lippen. Noch immer ist der Broadway ein Mekka für aufstrebende Künstler aller Art und auch die Etablierten kommen gerne zu Premieren an eines der riesigen Kinos zurück. Aber auch wenn es keine Premieren sind, heißt es, Schlange stehen.

Bei den Einladungen erfährt man fast immer die Neuigkeiten. Besonders viel bei den Menschen, die andere „verschönern“. Frisöre und Visagisten sprudeln nach dem zweiten Whisky, wenn man sich sympatisch ist, nur so vor Storys.

Meist essen sie nichts wegen der Linie, dafür trinken sie umso mehr.

„Natürlich bleibt alles unter uns.“ Die Probleme der Leute mit dem Alkohol. Noch nie waren Psychotherapeuten so gefragt und aktuell wie heute. Die alternden Stars sind meist einsam, nur mit ihren Tieren.

„Gestern Abend saßen wir lange an der Bar im Waldorf Astoria und der Barkeeper entpuppte sich als wahre Schatztruhe für Neuigkeiten. Wir kennen uns schon lange und er weiß genau, dass ich nie Namen nennen würde.“

Die meisten Schauspieler sind abergläubisch, geben es aber nicht zu. Da muss man Haltung bewahren, wenn sie aus der Hand die Zukunft ablesen wollen. Aber auch wenn man selber garnichts davon hält, zweifelt man ab und zu.

Einer Freundin wurde Positives und Negatives vorausgesagt und sie lachte nur darüber. Ein Jahr später war alles genauso eingetreten. Ist es Zufall oder doch etwas Wahres dran?

Scheinbar hatte sie dies neugierig gemacht und sie ließ sich von einer Professionellen noch einmal das nähere zukünftige Leben erklären, für ungeheuer viel Geld. Nichts traf ein, in manchen Problemfeldern sogar nur das Gegenteil.

Besondere Heilsbringer sind die amerikanischen Prediger. Manche haben einmal wöchentlich sogar eine Fernsehsendung mit hohen Einschaltquoten, andere predigen in den Hinterhöfen von Harlem. Geld spielt eine große Rolle und die über 80% farbigen Zuhörer vergöttern die ziemlich realistischen Herren.

Barbara ist am Broadway verabredet und selbstverständlich gehen wir mit. Mittagspause in den Büros, alles ist auf den Beinen. Herta will noch ein paar Sachen einkaufen, also geht es vom Columbus Circle die Prachtmeile rauf und runter.

Ziemlich bepackt treffen wir uns in einem Café. Peter ist irgendein Manager bei Marcys, sicher werden wir später mehr erfahren. Die beiden unterhalten sich angeregt über die Probleme von Kaufhäusern und wie man das Geschäft wieder mehr beleben könnte. In aller Welt kämpfen die Einkaufstempel ums Überleben, in Europa und Amerika noch mehr als in Asien. Dort bieten sie einen einmaligen Service und mit sehr viel Personal lassen sie die Kunden spüren daß er wirklich König ist. Besonders das Onlinegeschäft ist eine immer größere Konkurrenz.

Die vielen Touristen sorgen trotzdem für volle Häuser. In Europa hat man sich vor allem auf die Chinesen eingestellt, morgens Rom und am Nachmittag London mit vielen großen Einkaufstaschen von „Harrods“. In Deutschland bieten die Veranstalter organisierte Einkaufstouren vor allem in Frankfurt und Hamburg.

Herta meint, zu den entsprechenden Jahreszeiten immer eine Modenschau würde doch sicher auch für eine Belebung sorgen. Also an Ideen fehlt es nicht.

Heute Abend sind wir im Studentenviertel, dem Village, in einem Szenelokal eingeladen was zurzeit wohl total in ist. Wir sind sehr gespannt.

Normalerweise geht es in New York bei den Einladungen erst sehr spät los. Wir sind ziemlich früh und „schon“ um 22 Uhr da. Ich kann machen, was ich will, mir fallen die Augen immer schon vor Mitternacht zu, vielleicht machen hier die Eindrücke munter. Am Eingang stehen zwei Kleiderschränke mit grimmigem Blick für die Gesichtskontrolle. Barbara kennt die beiden anscheinend, sicher ist sie öfters hier.

Die Gesichter werden etwas freundlicher und wir sind drin. Ich bin so gespannt, die Leute zu beobachten, Aufmachung, Klamotten, Paradiesvögel, neue Trends, oder auch nicht. Ich denke an London, und immer wenn ich einige Zeit nicht dort war, an mein kleines Teelokal in der Kingsroad, Chelsea. Der Tee ist umwerfend und die Aussicht auf die vorbeiziehenden Menschen besser als Kino. Es wäre unmöglich, selbst im Nachthemd dort aufzufallen. Es gibt nichts, was es nicht gibt. Nach einer Stunde habe ich mich wieder daran gewöhnt.

Das „Szenelokal“ hier entpuppt sich als ganz normales Studentenlokal mit leiser Musik, damit man sich auch unterhalten kann, sehr angenehm. An den Wänden hängen Bilder von Nachwuchskünstlern, die man kaufen kann und die alle 14 Tage wechseln, eine gute Börse. Trotz der „frühen Stunde“ ist es schon ziemlich voll mit optisch netten Leuten, nach dem ersten Eindruck kann ich verstehen daß sich Herta und Barbara hier so wohlfühlen. Bei der Einladung heute Abend sollen einige neue Bücher von jungen Autoren vorgestellt werden und der Maler, dessen Werke nächste Woche ausgestellt werden, ist wohl auch anwesend.

Herta überragt alle mit ihren 1,90 m. Sie hat ein Seidentuch um ihren Kopf drapiert, das an der Seite herunterhängt.

„Damit kann ich immer die Haare verdecken und man sieht nicht, wie durcheinander sie sind.“

Sie ist von Asiaten umringt, die scheinbar auch aus der Modebranche sind. Sie unterhalten sich über die völlige Körperrasur, noch immer in den Staaten total angesagt. Dazu gehört aber auch die Rasur bei den Männern im Gesicht. Nicht eine Person im Lokal hat einen Bart. Ganz im Gegensatz zum Zeitgeist in Deutschland und Europa, überall diese ungepflegten Bärte im Gesicht. Man versucht, es psychologisch zu ergründen. Obwohl im Moment mal wieder die „Welle der belästigten Frauen“ in aller Welt die Schlagzeilen beherrschen, sind die Männer doch überall auf dem Rückzug.

Könnte es sein, daß die Barttypen besonders starke Komplexe haben? Ganz verheerend sieht es aus, wenn sie sich die Haare färben und der Bart oder das Sauerkraut im Gesicht prangt in Originalfarbe, meist grau. Das sieht dann wirklich aus wie ein Karnevalskostüm im Gesicht. In der Modebranche ist es völlig unmöglich. In Asien ist es nicht so aktuell, weil die meisten Männer dort fast keinen Bart haben. Aber auch bei den Frauen ist die Totalrasur nicht üblich. In den arabischen Ländern oder in der Türkei gilt es seit Ewigkeiten als selbstverständlich.

Bis vor einigen Jahren sah man Bärte vor allem in den südlichen Ländern und es ist ja bekannt, dass die Herren dort schon immer Probleme mit ihrer Männlichkeit hatten. Die Meinungen bei den Frauen gehen wohl auseinander, was man hier so hört mögen sie es nicht.

Es ist aber bekannt und wohl auch durch Marktforschung untermauert, ein gewisser Prozentsatz der Frauen mag Bärte beim Mann.

Was soll man als Mann in der Diskussion dazu sagen? Ich persönlich habe lieber mit Menschen zu tun, die sich nicht hinter etwas verstecken wollen. Ein klares offenes Gesicht ist auch immer noch die beste Voraussetzung für ein offenes Gespräch.

Wir gehen weiter mit dem Glas in der Hand. Ich habe wieder einen Whiskey Cola in einem riesigen Glas, an dem kann man sich so schön den ganzen Abend „festhalten". Schon wieder hat Herta Bekannte entdeckt.

Die Herren entpuppen sich als ehemalige Schüler eines Intimus von Andy Warhol, der andere ist einer der Schriftsteller, die nachher ihr neues „Werk" vorstellen. Er schreibt vor allem Kriminalromane.

Die anderen sind die totale Kopie von Warhol, spindeldürr, silbergetöntes Haar mit einem Blick ins Nichts und ins Unendliche. Einer fällt lediglich mit seinem Temperament aus der Rolle, er redet pausenlos. Warhol war ja eher etwas melancholisch, ja fast depressiv, und er meinte, seine Bilder drücken genau das aus.

Für Nachwuchskünstler sind sie schon etwas älter, schätzungsweise Ende vierzig. Aber oft haben ja die tollsten Karrieren von Weltstars erst jenseits der fünfzig begonnen, dann aber umso heftiger.

Ich bewundere Herta wie sie sich überall wie perfekt „einfädeln" kann. Eben noch mit den Asiaten in ganz anderer Art und Weise, eher zurückhaltend, schüchtern, aber mit ungeheuren Wissen von Japan und China. Die uralten Kulturen sind ja auch faszinierend.

Nun steht sie da mittendrin, groß wie ein Funkturm und redet, gestikuliert, lacht, und alle scheinen angesteckt. Die Herren werden augenscheinlich auch etwas temperamentvoller.

Wir sind nachher auf die neuen Bilder gespannt, wenn sie ausgetauscht werden. Sie reden von Sonja Rykiel, der Modeschöpferin aus Paris. Einer hat länger bei ihr gearbeitet, sie sei immer für eine Überraschung gut gewesen und wollte immer neue Wege beschreiten.

Daher habe sie eine Modenschau in ein Problemviertel von Paris gelegt und das sei damals ein Riesenerfolg geworden.

Heute sei das Viertel mit riesigem Migrationsanteil auf dem besten Weg, total „in" zu werden.

Ein anderer, unscheinbarer, kleiner Herr aus Mexiko leidet heute noch an den Folgen vom 11. September, als er auch in Manhattan war. Er kann so anschaulich und spannend erzählen, man bekommt Gänsehaut und alle starren ihn an. Das kleinste laute Geräusch lässt ihn noch heute zusammenzucken und überall vermutet er eine Explosion oder einen Terrorakt.

Vor einigen Wochen war er morgens schon in der City und stand an einer Ampel, als es in der kleinen Nebenstraße unheimlich krachte. In Panik rannte er davon, später stellte sich aber heraus, dass es nur ein Autounfall war. Mit voller Geschwindigkeit waren zwei Wagen zusammengestoßen, weil einer bei rot noch über die Ampel eilte, der andere aber schon anfuhr. Dieser wurde mit Wucht in ein Schaufenster geschleudert mit dem entsprechenden Knall. Wie durch ein Wunder gab es keine Verletzten. Im Unterbewusstsein hatte unser kleiner Mexikaner aber wieder an eine Explosion gedacht.

Seine Behandlung wird sicher noch lange dauern.

Ich wundere mich über meine Kondition und nach 3 Uhr komme ich endlich ins Bett.

Lange kann ich nicht einschlafen, die Eindrücke und Typen rauschen immer noch an mir vorbei.

Morgen sind Herta und Barbara zu einer der legendären „Dinnerpartys“ eingeladen und natürlich nehmen sie mich mit, ich bin sehr gespannt. Die Damen müssen in lang erscheinen und die Herren im Smoking. Den muss ich mir hier noch leihen.

Die beiden haben mir schon angekündigt, dass man dort auch immer viele Neuigkeiten erfährt, was „in“ ist, wo man essen geht und den üblichen Klatsch und Tratsch. Barbara hat große Erfahrung darin zu „filtern“, was stimmt und was aus dem Reich der Fabel stammt.

DIE KUNST, FAST IMMER POSITIV ZU DENKEN

Das Glas ist halbvoll oder halbleer, welch ein Unterschied in der Einschätzung. Ganze Generationen von Psychologen und Fachleuten haben sich schon Jahrhunderte mit dem Problem beschäftigt, manche Menschen sind immer negativ und manche immer positiv. Ist es Veranlagung oder wird der Mensch nur durch das Leben geprägt?

Dann gibt es natürlich auch die Zeitgenossen wie Schauspieler, immer nur lächeln und bloß nicht zeigen wie es im Innern wirklich aussieht. Spannungen lösen sich am besten von der Seele, wenn man das „Herz auf der Zunge trägt".

Die berühmten Hilfsmittel, Alkohol und Tabletten, auch harmlose, verdeutlichen oft ohne ein Wort fast alles. Gerade die Menschen die in der Öffentlichkeit stehen, müssen oft nachhelfen. Psychopharmaka sollen in diesen Fällen ein Allheilmittel sein. Immer gut drauf, immer lustig, immer positiv, keinerlei Probleme. Aber das ist dann nur Fassade und die Nebenwirkungen sind fatal.

Die Dosierung muss im Laufe der Zeit immer etwas erhöht werden. Morgens muss etwas eingenommen werden, um strahlend und munter zu erscheinen. Am Abend will man schlafen und entspannen, also schnell ein Beruhigungsmittel einnehmen. Dazu oft Alkohol, den ganzen Tag über Stress und der Zwang, praktisch immer „auf der Bühne" zu stehen. Oft genug hört man dann plötzlich von einem Selbstmord und alle fallen aus den Wolken.

Anderen wie Romy Schneider oder Faßbinder versagt irgendwann der Kreislauf. Sie schlafen mit vielen Hilfsmitteln ein und werden einfach nicht mehr wach.

Die Unzufriedenheit unter den Menschen ist heute eines der Hauptprobleme. Schon seit einem Jahr wohnt Petra in einer Gegend mit gut situierten Menschen in schönen Häusern. Vorher in der anderen Stadt zur Studienzeit musste ein Zimmer in einem schäbigen alten Haus reichen. Jeder half jedem, wenn nötig, und wenn sie so zurückdachte, die meisten hatten zufriedene Gesichter.

Seit sie nun hier wohnt, ist ihr Eindruck ein ganz anderer. Man grüßt nicht, die Gesichter sind mürrisch und unfreundlich. Geht es den Menschen zu gut, oder wo liegt der Grund?

Die neue Nachbarin hat sie schon besser kennengelernt. Sie hat in ihrem Leben viel ertragen müssen, Schicksalsschläge, Krankheiten, der frühe Tod des Mannes. Trotzdem ist sie immer ganz freundlich , lächelt und strahlt Positives aus.

Der andere Nachbar ist genau das Gegenteil, er regt sich über alles auf, vor allem die laut spielenden Kinder stören ihn anscheinend. Dabei geht es ihm und seiner Frau gut und auch das Häuschen mit Garten ist sehr schön. Allerdings hat Petra gehört, dass er sich öfters mit seiner Frau in der Wolle hat, und auch das Verhältnis zu den Kindern ist schlecht. Freunde oder Bekannte, Gäste, sieht man nie in das Haus gehen. Wenn es Probleme gibt, liegt es immer an den anderen Menschen. Frau Meyer ist hier eine Ausnahme und hat Petra sogar bei ihrem Einzug geholfen. Sie ist auch sehr lebensbejahend und hält viel von gutem Essen und einem Glas Wein, oder zwei oder drei!

Einmal in der Woche hat sie einige Freundinnen zu Besuch, die mit ihr Kaffee trinken. Dabei geht es oft sehr lebhaft zu, und wenn die Damen danach draußen noch laut scherzen, der Sekt trägt auch sicher zur Stimmung bei, ist es in der Straße so schön lebendig. Dem Nachbarn scheint das nicht zu gefallen, obwohl er noch nie etwas gesagt hat. Aber wenn er dann vorbeikommt und mürrisch grüßt, wenigstens das, sieht er nicht so zufrieden aus.

Aber eventuell ist es bei den vielen Damen auch nur Unsicherheit.

Es kann auch an Dingen liegen, auf die der Mensch keinen Einfluss hat. Oft herrscht bei uns trübes und trostloses Wetter ganz im Gegensatz zu den südlichen Ländern mit Sonne im

Überfluss und lachenden, lärmenden Menschen. Immer mehr von unseren Landsleuten ziehen deshalb, wenn sie können in den Süden, und leben förmlich auf. Andere sind vom Wetter überhaupt nicht abhängig.

Die Japaner verstehen es meisterhaft, jeder Situation etwas Positives abzugewinnen. Nach schweren Erdbeben mit vielen Toten und zerstörten Häusern danken sie, überlebt zu haben.

Es ist schwer, positiv zu denken, wenn man nur Sorgen und Probleme hat. Die negativen Ereignisse prägen sich oft tief ein, die positiven vergisst man wieder.

Immer versuchen, das Positive in den Vordergrund zu rücken. Warum nicht auf die Tasse Kaffee heute Nachmittag freuen, nette Kollegen, Erfolg bei einem Einkauf. Nach großer Sucherei hat man endlich das gefunden, wonach schon so lange gesucht wurde.

Im November bei Nebel und feuchtem, kalten Wetter, einfach an den schönen Urlaub denken, an Sonne und Meer.

Am Abend etwas aus diesem Land kochen und mit Freunden dann zusammen essen, der Gesprächsstoff kommt automatisch. Man wird noch im Bett positiv daran denken.

Nach Möglichkeit nicht über die Arbeitsstelle ärgern, sondern verdeutlichen, ich habe hier ja einen sicheren Arbeitsplatz, andere müssen sich Sorgen machen.

Positives beflügelt, Negatives belastet und lähmt. Was mache ich Schönes am Wochenende?

Lachen ist gesund und die beste Medizin. Der Freundeskreis sollte dementsprechend sein.

Wenn es draußen schneit und man dauernd Probleme hat, mit dem Auto zur Arbeit zu kommen, einfach schon den nächsten Sommerurlaub planen. Planen, und wenn es Wochen sind. Urlaubsplanung ist so etwas Positives und macht Spaß.

Sport hat so einen guten Einfluss auf das Befinden. Man lernt außerdem noch nette Leute kennen, und man sollte nur die netten rauspicken. Sportliche Menschen sind fast immer auch im

Alltag kreativ und meistern Probleme. Sport macht ausgeglichen und verleiht „Biss“.

Negative Menschen werden oft von der positiven Welle mitgerissen, der Erfolg motiviert.

Welch ein Erfolgserlebnis als Dame von 110 kg auf 70 kg abgenommen zu haben. Die negativ und pessimistisch denkende würde sicher meinen, „das schaffe ich doch nie“, und keinen Versuch starten.

Freunde von uns benötigten vor einiger Zeit die Gärtner. Beim Sturm waren zwei Tannen umgeknickt, auf das Nachbargrundstück gefallen, hatten dort aber keinen Schaden angerichtet. Lediglich ein altes kleines Gartenhäuschen wurde etwas in Mitleidenschaft gezogen.

In größerer Runde stand man am anderen Tag zusammen, eine Dame meinte, „es ist ja gut, dass niemand zu Schaden gekommen ist, außerdem wird es jetzt dort etwas heller, die Bäume stehen sowieso viel zu dicht.“

Eine andere: „Wie schrecklich, unser traumhafter Naturgarten bekommt ja nun eine Riesenlücke.“

Die Gärtner rückten zwei Tage später an und begannen ihr Werk. Die Gelegenheit war günstig, enorm viel Efeu von einer Hemlocktanne zu entfernen, es war überhaupt ein Wunder dass sie noch lebte. Eine ganze Wagenladung wurde abtransportiert, es wurde hell und man sah auch wieder etwas von der Tanne.

„Was wird die Tanne wohl jetzt denken?“ , meinte die Nachbarin.

„Ich komme mir jetzt ganz nackt vor“, vermerkte der Ehemann.

„Was du auch immer denkst.“

„Nein, ich denke, sie wird sich freuen, den ganzen Ballast los zu sein, sie fühlt sich wie befreit“, die andere Dame.

„Leider können wir sie nicht fragen, aber wir werden im nächsten Jahr sehen, wie schön sie wieder überall ausschlägt", der andere Ehemann.

Man sieht, die einen sehen es positiv, die anderen eher negativ.

Man könnte hunderte von Gegebenheiten anführen, es zieht sich immer durch unser Leben wie ein roter Faden. Jedenfalls ist es leichter im Leben, wenn man positiv denkt.

Da die positiven Menschen auch meist nett, hilfsbereit, höflich und lustig sind, meinen die anderen oft, „mit denen kann man alles machen", und versuchen sie auszunutzen.

Hier ist es wichtig „Pflöcke" zu setzen und auch schon einmal selbstbewusst, nicht arrogant, nein zu sagen.

Man kann es lernen.

„Peter, wenn ich daran denke, wie es zu unserer Kindheit war, das waren noch Zeiten." Besonders bei der älteren Generation kennt fast jeder diese Äußerungen. Früher war alles besser. Nun ist es schon wieder hundert Jahre seit dem Ersten Weltkrieg her. Wie die Zeit vergeht, an den Kindern sieht man wie man älter wird. Die ganz Alten, die zwei Weltkriege mitgemacht haben, sind nun fast ausgestorben, aber den letzten Krieg haben noch viele in Erinnerung. Aus welchen Gründen früher Kriege vom Zaun gebrochen wurden, unfassbar heute. Opa hat noch die Machtergreifung durch Hitler erlebt, aber im Grunde ist er noch immer ein großer Fan von Bismarck. Der ist immerhin der Vater der deutschen Sozialgesetze.

Über 30 Jahre sei er Kanzler gewesen, habe Deutschland zusammengeführt, aber er war auch ein Schlitzohr. Nach außen ein

Haudegen, im Inneren aber ein Gemütsmensch. Mit dem Kaiser verstand er sich immer gut, er wusste, was er an ihm hatte. Natürlich gab es auch Meinungsverschiedenheiten und mit denen konnte Bismarck garnicht gut umgehen. Andere Meinungen bereiteten ihm Probleme, ganz schlecht in der Politik. Aber er hatte ein probates Instrument entdeckt, sich, wenn es ganz schlimm kam, doch noch durchzusetzen. Im Grunde war es vornehme Erpressung. Er schrieb ein Rücktrittsgesuch an den König, nach seiner Krönung Kaiser, insgesamt waren es sechs in seiner Laufbahn, die der Kaiser wie erwartet ablehnte. Das letzte an den Sohn des Kaisers, Wilheim II. Mit dem konnte er nicht gut und trat dann auch zurück. Natürlich in seiner besonders geschickten Art, sodass er die gesamte Öffentlichkeit auf seiner Seite hatte. Nach dem Motto, „der junge Kerl will so einem alten und erfahrenen Haudegen zeigen, wo es lang geht, und hat im Grunde überhaupt noch keine Ahnung“.

Seine Doggen waren sein ganzes Glück. Mit ihnen konnte er in der wenigen freien Zeit auf seinen Gütern in Pommern ausgiebig spazieren gehen und neue Pläne schmieden. Aber er nahm sie auch in Berlin mit zu Konferenzen, sehr zum Unwillen vieler Teilnehmer. Eine trug den Namen Sultan und die Diplomaten befürchteten deswegen Probleme mit der arabischen Welt. Eine andere Dogge biss bei einer Konferenz sogar dem russischen Außenminister in die Hose, ob sie ihn nicht mochte?

Nachdem Sultan starb, war Bismarck tagelang nicht mehr zu sprechen. Er hatte sich in Pommern verkrochen und sogar Tränen sollen geflossen sein. Wenn man in der Politik weit gekommen ist wird man vorsichtig gegenüber Menschen. Bei den Tieren ist man sicher, die widersprechen nicht und kennen auch keine Hinterlistigkeiten. Man weiß immer, woran man ist.

Es war die Epoche, in der sich Deutschland und Frankreich pausenlos in der Wolle hatten, man konnte sich einfach nicht leiden. Dabei waren der europäische Hochadel, die Kaiser und

Könige untereinander, fast alle verwandt. Machtergreifung durch Heirat lautete die Devise.

Bismarck war natürlich mit allen Wassern gewaschen, war Botschafter in Petersburg und Paris gewesen und wusste auf dem Klavier der Macht zu spielen. Die letzte Auseinandersetzung zwischen Deutschland und Frankreich ging auf sein Konto.

1868 war Isabella von Spanien gestürzt worden und ging nach Frankreich ins Exil. Als Nachfolger war Leopold von Hohenzollern-Sigmaringen vor allem von den Portugiesen favorisiert worden. Aber auch Napoleon III. versuchte Einfluss zu nehmen. Die Franzosen hätten sich umzingelt gefühlt. Sie wollten, dass die Burbonen den Thron behielten. Die diplomatischen europäischen Drähte glühten. Frankreich drohte, sollte die Thronbesteigung durch einen Deutschen zustandekommen, unverholen mit Krieg. Das wollte keiner und als auch der deutsche Kaiser, Wilhelm I. von Preußen zur Zurückhaltung mahnte, verzichteten die Hohenzollern darauf.

In Bayern regierte König Ludwig und hat überhaupt keine Lust dazu. Er verabscheute die Politik, den Adel und alles, wozu er durch seine Geburt vorgesehen war. Das einzige, was er mochte, waren schöne Schlösser und die Musik. 1869 gab er den Startschuss zum Bau von Neuschwanstein. Mit riesigen Sprengungen schaffte man Platz für die Fundamente vor atemberaubender Kulisse. Dynamit war gerade erfunden worden, eine große Hilfe.

Zur gleichen Zeit begegneten sich Ludwig und Wagner zum ersten Mal. Wagner war nur 166 cm groß und direkt von dem 25 cm größeren Ludwig total beeindruckt. Es entwickelte sich eine innige Freundschaft. Beide hatten für die Berufungen des anderen, Musik und schöne Künste, große Sympathien. Beide wurden in den Jahren auch von ihrer Umwelt angefeindet, Ludwig mehr zum Ende seiner Regentschaft, als er sogar für geisteskrank erklärt wurde.

Was haben die beiden der Nachwelt hinterlassen? Sagenhafte Schlösser, in der ganzen Welt bekannt und geliebt und eine gigantische Musik. Ob man will oder nicht, oft bekommt man Gänsehaut und kann kaum glauben, was so ein Orchester hervorzubringen vermag. Ob Mailand, Paris, New York oder all die anderen Musiktempel der Welt, sie erbeben, wenn es so richtig losgeht. Die Bayreuther Festspiele sind auf Jahre ausverkauft und oft wird die Frage gestellt, wer war denn nun der größte Musiker dieser Zeit, Wagner oder Verdi?

Man kann es nicht vergleichen, auch bei Verdi bekommt man Gänsehaut oder ist zu Tränen gerührt.

Als am 13. Juli 1870 der deutsche Kaiser zur Kur in Bad Ems weilte, kam es auf der Promenade zu der folgenreichen Begegnung. Der französische Botschafter Benedetti war nachgereist und verwickelte den Kaiser in ein Gespräch, in dem er umfangreiche Forderungen stellte.

Die konnte und wollte der Kaiser aber natürlich nicht garantieren, blieb aber in einem wohl normalen und ruhigen Gespräch bei seiner Meinung des Thronverzichts durch die Hohenzollern. Das Ergebnis wurde Bismarck in der „Emser Depesche" berichtet, alles sollte natürlich vertraulich sein. Daraus machte Bismarck aber eine Pressemitteilung, so formuliert und veröffentlicht, als habe Benedetti den Kaiser beschimpft.

Am anderen Tag erschien die Übersetzung auch in Frankreich am Nationalfeiertag und die Franzosen schäumten vor Zorn. Genau das hatte Bismarck gewollt und auch genau, wie er spekuliert hatte, erklärten die Franzosen daraufhin Deutschland den Krieg, 1870/71. Bismarck war sich wohl ziemlich sicher, dass Preußen zur Zeit stärker war als Frankreich und so kam es ja auch. Der Krieg dauerte nur kurz, schnell siegte Deutschland und Frankreich musste 5 Milliarden Franc Reparationszahlung leisten. Außerdem wurde Elsaß-Lothringen Bestandteil des deutschen Reiches. Wilhelm I. wurde zum deutschen Kaiser proklamiert.

Aber wie es damals so war, mit überzogenen Forderungen des Siegers wurde nur die Saat des Hasses noch größer und die nächste „Racheauseinandersetzung“ war vorprogrammiert. Keine gute Diplomatie. Da ist man heute doch weiter und klüger. Wie meinte einmal Adenauer, als er damit konfrontiert wurde, dass er vor einem Jahr genau das Gegenteil seiner heutigen Rede verlauten ließ. „Es kann mich keiner daran hindern, im Laufe eines Jahres was klüger geworden zu sein.“

In der Folgezeit war Bismarck neben seiner Sozialgesetzgebung vor allem weitsichtig daran interessiert, durch Verträge die Lage des Deutschen Reiches zu verbessern. Es ist zwar schön, wenn ein Land zentral liegt, es hat aber den Nachteil von vielen Nachbarn. Solange die Beziehungen gut sind, kann man gut schlafen. Aber damals lauerte im Osten Russland und im Süden Österreich-Ungarn. Im Westen war mit Frankreich ein unversöhnlicher Feind nur an Rache interessiert. Das sollte später im Ersten Weltkrieg noch eine große Rolle spielen.

Jahre vorher hatte es 1864 einen Krieg gegen Dänemark gegeben mit dem Ergebnis, dass eroberte Gebiete mit Österreich aufgeteilt wurden.

Aber schon 1866 gab es mit Österreich einen Krieg. Bei Königgrätz wurde die österreichisch-sächsische Armee von den Preußen geschlagen. Man war also von Feinden förmlich umzingelt und es bestand dringend Handlungsbedarf.

Welch unruhige Zeit. Bismarck hatte damals schon unzählige Gesundheitsprobleme und nebenbei gab es natürlich auch Meinungsverschiedenheiten vielfältiger Art in den oberen Etagen der Politik. Als der König in der Personalpolitik einmal anderer Meinung war, reichte er ein Entlassungsgesuch ein.

Berlin, Februar 1869 (Tag unbekannt)

Graf Bismarck an den König Wilhelm I

Zu meiner erfurchtsvollen Bitte, mich des Dienstes zu entheben, bin ich lediglich durch meine Unfähigkeit veranlaßt, Eurer Majestät Ihrem Willen entsprechend zu dienen.

Die Erfahrungen der letzten Monate haben mir die freudige Zuversicht geraubt, der Erfüllung meiner Pflichten noch gewachsen zu sein. Die an sich großen Schwierigkeiten dieser Pflichten werden durch Gegenströmungen gesteigert, gegen die anzukämpfen ich nicht die Kraft fühle. Die Kämpfe, welche mir im Amte oblagen, haben mir die Ungnade hochstehender und die Abneigung einflußreicher Personen zugezogen. Mein einziges Aequivalent dafür hat in der Zufriedenheit Eurer Majestät gelegen, und Allerhöchstdieselben können in Ihrer erhabenen Stellung es nicht nachempfinden, wie schwer jeder Augenblick der Unzufriedenheit, ja jede Meinungsverschiedenheit mit seinem Königlichen Herrn auf dem Herzen eines anhänglichen Dieners lastet, und welchen Antheil die Gemütsbewegung stets an meinen körperlichen Leiden hat. Eure Majestät wollen mit dieser Schwäche Nachsicht haben, da sie ein Ausfluß, wenn auch ein krankhafter, der Liebe zu Eurer Majestät Person ist.

Aber sie macht mich unfähig, den Ansprüchen des Dienstes in der Art, wie Eure Majestät ihn erfordern, zu genügen. Ich habe nicht das Gefühl, daß mir ein langes Leben beschieden ist, und fürchte, daß meine Organisation zu ähnlicher Schlußentwicklung neigt, wie die des hochseligen Königs. Ich kann nicht den Anspruch erheben, daß Eure Majestät auf meine krankhafen Zustände in dienstlichen Sachen Rücksicht nehmen. Es versteht sich, daß ich die Verhandlungen mit dem Reichstage, der vor der Thür ist, nach Eurer Majestät Willen führen werde, wenn Allerhöchstdieselben mir nur die Aussicht gewähren wollen, daß ich demnächst mich zurückziehe und die Zeit, die mir Gott noch beschieden in Zurückgezogenheit der Ruhe und der dankbaren

Erinnerung an die Gnade widme, mit der Eure Majestät mich beglückt haben.

König Wilhelm I. an den Grafen Bismarck

Berlin, 26. Februar 1869

Als ich Ihnen am 22. in meiner Bestürzung über Wehrmanns Mittheilung ein sehr flüchtiges, aber desto eindringlicheres Billet schrieb, um Sie von Ihrem Verderben drohenden Vorhaben abzuhalten, konnte ich annehmen, daß Ihre Antwort in ihrem Endresultat meinen Vorstellungen Gehör geben würde, – und ich habe mich geirrt. Dank, herzlichen Dank, daß Sie meine Erwartung nicht täuschen ! ....

Sie fühlen sich müde erschöpft, Sehnsucht nach Ruhe beschleicht Sie. Das alles verstehe ich vollkommen, denn ich fühle es Ihnen nach; – kann und darf ich deshalb daran denken mein Amt niederzulegen? Ebensowenig wie ich dies darf, ebenso wenig dürfen Sie es! Sie gehören sich nicht allein, sich selbst an; Ihre Existenz ist mit der Geschichte Preußens, Deutschlands, Europas zu eng verbunden, als daß Sie sich von einem Schauplatz zurückziehen dürfen, den Sie mit schaffen halfen. Aber damit Sie sich dieser Schöpfung auch ganz widnem können, müssen Sie sich Erleichterung der Arbeit verschaffen und bitte ich Sie inständigst mir dieserhalb Vorschläge zu machen .... Vor allem aber zweifeln Sie nie an meinem unveränderten Vertrauen und an meiner ausauslöchlichen Dankbarkeit!!!

Ihr Wilhelm.

Das Gesuch wurde abgelehnt und die personellen Probleme im Sinne Bismarcks durch den König gelöst. Wenn man nach heutigen Maßstäben aber alleine die atemberaubende Wortwahl betrachtet, ein akrobatischer Hochseilakt.

Aber so war es in allen Bereichen des täglichen Lebens, Höflichkeit, Freundlichkeit, Hilfsbereitschaft und Anstand, die guten alten Tugenden und viele mehr herrschten vor.

Da kommt natürlich vor allem bei der älteren Generation Nostalgie auf.

Gerade sind Opa und Oma aus der Stadt zurückgekommen und haben noch zahlreiche blaue Flecken von Ellenbogen. Im Bus mussten sie stehen, die jungen Leute flegelten sich in den Sitzen und starrten alle verhaltensgestört auf ihre Handys. Vor ein paar Tagen wurde im Viertel eine ältere Dame am hellen Tage überfallen, noch vor einigen Jahren völlig undenkbar. Die Häuser müssen wie Hochsicherheitstrakte ausgebaut werden weil pausenlos eingebrochen wird.

Aber es gibt auch Lichtblicke für viele. Der Fortschritt der Medizin macht es möglich, Krankheiten heute zu behandeln, was früher unmöglich war. Die Menschen werden immer älter und empfinden es meist auch dankbar als Geschenk. Wenn heute jemand vor dem 80. Lebensjahr stirbt, ist man schon geneigt festzustellen, „der ist aber früh gestorben". So alt wurde damals allerdings auch Bismarck trotz seiner unzähligen Gesundheitsprobleme. Ein wenig waren sie hausgemacht, er war ein Genussmensch und aß und trank viel zu viel. Es war wohl auch sicher ein Ventil für seinen Stress. Seine Weitsichtigkeit für das Volk war damals in Europa einmalig. Am schlimmsten waren die Zustände in Russland. Ein Riesenreich mit 190 Millionen Menschen von der Ostsee bis nach Asien.

Der Zar und die Adeligen lebten in unermesslichem Reichtum und Überfluss, die Bevölkerung hingegen hatte oft noch nicht einmal das Nötigste. Hier wurden die Grundlagen der Revolution 1917 gelegt. Irgendwann wird der Druck im Kessel immer größer, bis er explodiert.

In Frankreich hatte man die Erfahrung mehr als 100 Jahre früher gemacht, als es 1789 zum Sturm auf die Bastille, dem Stadtgefängnis in Paris, kam. Auch dort wurden die Menschen extrem ausgebeutet und von weitsichtiger Politik konnte keine Rede sein. Ludwig der XVI. hatte es auch versäumt, die schon lange brodelnde Unruhe und Unzufriedenheit in die richtigen Bahnen zu lenken. Anstatt dauernd rauschende Feste zu feiern, hätte man sich lieber den Problemen der Masse der Bevölkerung gewidmet. So wurden er und seine Frau Marie Antoinette hingerichtet und das Zeitalter Napoleons begann.

Bismarck war überall anerkannt, wenn auch nicht überall beliebt. Sogar die Franzosen fanden anerkennende Worte. Ein ungenannter bekannter Franzose: „ Ein politisches Genie, das für die anderen Nationen verhängnisvoll war, hat die Deutschen aus dem Dunkel hervorgezogen und auf den Scheitelpunkt des Ruhms erhoben. Deutschland verdankt diesem Manne alles, alles. Er hat mehr für Deutschland getan als Cromwell für England, Richelieu für Frankreich, Peter für Rußland ... Wie würde Frankreich einen Mann ehren, den uns die Vorsehung schickte, um uns nach Berlin zu führen, um uns unsere Fahnen, unsere Provinzen und unsern Ruhm wiederzuholen!“

Das unruhige Jahrhundert ging mit dem Tod Bismarcks 1898 zu Ende. Man hatte gedacht, Europa sei wetterfester geworden, aber schon 15 Jahre später stolperte man im Grunde ungewollt in den Ersten Weltkrieg. Was immer befürchtet wurde, trat nun ein, Zweifrontenkrieg für Deutschland. Bald machten sich Versorgungsprobleme und Hunger breit. Man musste mit dem auskommen, was man hatte.

Die Zerstörung Deutschlands konnte zwar verhindert werden, aber die Auflagen und Reparationen im „Diktat“ von Versailles bildeten wieder die Brutstätte für Rache. Man sehnte sich nach einer starken Hand, die Selbstachtung wiedergeben konnte. Das ideale Feld und die Möglichkeit für Hitler. Frankreich konnte zwar in einem Blitzkrieg besiegt werden, aber letztendlich verlor

Deutschland gottlob den Zweiten Weltkrieg durch totale Zerstörung. In Japan fielen die ersten Atombomben und damit verkürzten die Amerikaner den Krieg.

Verheerende sechs Kriegsjahre gingen zu Ende, man schien endlich gelernt zu haben. Die Abschreckung der Atomwaffen verhinderte bis heute den nächsten großen Konflikt, wenn auch weitere regionale Kriege schlimm genug waren. Das Gleichgewicht des Schreckens, wer zuerst schießt, stirbt als zweiter, scheint aber heute schon wieder Risse zu bekommen, siehe Nordkorea. Aufstrebende Diktaturen bilden wohl in Zukunft einen dauernden Unruheherd, wenn sie im Besitz von Atomwaffen sind.

Europa erlebte seitdem bisher eine noch nie dagewesene lange Epoche des Friedens.

STUNDENHOTEL IN FRANKREICH

Wie in jedem Jahr, so auch diesmal im Juli war ein reizendes Ehepaar unterwegs mit Urlaubsziel Deauville in der Normandie. Sie wohnten in Rom, er ein trockener, konservativer, korrekter und etwas zäher Hanseate, sie eine nur so vor Temperament sprühende Berlinerin. Größer kann man sich die Gegensätze nicht vorstellen, aber vielleicht war man gerade deswegen ein unschlagbares „Gespann". Bei Einladungen redete fast nur sie, meist mit einer atemberaubenden Geschwindigkeit von 500 Anschlägen pro Minute und holte scheinbar auch noch für alle anderen Luft.

Natürlich war sie sehr amüsant und es gab immer viel zu lachen. Die absoluten Höhepunkte waren immer die Zusammenkünfte mit ihren besten Freunden aus Köln. Die Rheinländer sind ja auch nicht auf den Mund gefallen, müssen sich aber ebenso wie die Berliner mit ihrem Dialekt zurückhalten, damit man sie versteht.

In diesem Jahr wollte man sich in aller Ruhe in der Normandie treffen. Obwohl sie kugelrund ist, sehr gerne isst und trinkt, hat sie bei den Untersuchungen nur „Traumwerte", während der Mann, superschlank und Marathonläufer, sehr auf seine Gesundheit achten muss. Er bevorzugt die mediterane Küche mit Olivenöl, Knoblauch, viel Gemüse, Obst, Fisch, Geflügel. Sie liebt Butter, Sahne, Käse, Rotwein, Fleisch. Salat und Obst ist ihr zu gesund und der Käse beginnt erst ab 50% Fettanteil richtig gut zu schmecken. Die Folge, sie kocht immer zweierlei, aber es macht ihr Spaß.

Trotzdem hat er hohe Cholesterinwerte und auch der Blutdruck ist zu hoch. Auch seine Gelenke und Knochen bereiten Probleme und warum er trotzdem gerade Marathon läuft, ist allen ein Rätsel. In vertrautem Kreis meint er aber immer, wenn er sich so richtig ausgepowert hätte, würde er sich immer pudelwohl fühlen. Es scheint eine genetische Veranlagung zu sein, aber die beiden Eltern wurden über 90 Jahre alt.

Wie immer zog sich die Fahrt sehr in die Länge. Um diese Jahreszeit ist ganz Europa, vor allem aber Frankreich, unterwegs, kein Vergnügen. So langsam ließen trotz der Urlaubseuphorie zu später Stunde die Kräfte nach und man entschloss sich, nach einer Bleibe an der Autoroute Ausschau zu halten. Es dauerte nicht lange und schon hatte man an einer Ausfahrt in Südfrankreich ein winziges Schild, „Hotel", entdeckt mit dem wichtigen Zusatz „parking garde". Ein Auto mit Urlaubsgepäck ist sonst mit Sicherheit zumindest sehr stark gefährdet und für die hohe Kriminalität von Dieben ein Volltreffer.

Man hatte ohnehin vor nur ein paar Stunden zu schlafen, um dann schnell weiterzufahren. Zielstrebig steuerte Monsieur den Parkplatz an, nicht ohne sich über die enorm laute Musik, die vielen roten sparsamen Lampen und den enormen Betrieb trotz Mitternacht zu wundern. Alle Menschen, die umherliefen, schienen sehr guter Dinge zu sein. Sie waren wohl auch in Urlaubsstimmung.

Seine Frau fand das alles völlig normal, schließlich sei Hauptreisezeit. „Schatz, du vergisst ganz, wir sind hier wieder in Frankreich", sehr vieldeutig. Der Nachtwächter des Parkplatzes wurde erst nach etwas intensiven Bemühungen in seinem Häuschen wach, auch nicht so ganz Vertrauen erweckend.

Das Auto wurde direkt unter einer riesigen roten Laterne abgestellt, ob das was nützen würde, na ja. In der „Empfangshalle" roch es offenbar durch Feuchtigkeit etwas muffig und der Charme in Plüsch der vergangenen Jahrzehnte dominierte. Über dem Eingang thronte das riesige Bild einer nackten Afrikanerin, die sich auf einer rosaroten Couch rekelte, nach ihrem Gesichtsausdruck sehr zufrieden.

Die Dame an der Rezeption entsprach absolut der Vorstellung einer Südfranzösin, mit roten Haaren in verschiedenen Farbtönen, enormer Schminke, einer rauchigen Nachtclubstimme und

Zigarette zwischen den Lippen. Der Einwand unseres Hanseaten gegenüber seiner Frau, ob man nicht doch lieber etwas weiter fahren sollte, wurde von ihr ignoriert, „du weißt doch, wie das in Südfrankreich ist, Hauptsache wir können ein paar Stunden schlafen und morgen früh rechtzeitig nach Caffee o le und einem Croissant weiterfahren".

Er war auch einfach zu müde, um zu diskutieren.

Es war ansonsten wenig zu erkennen, der Zigarettenrauch wirkte wie Nebel. Man suche ein Zimmer für die Nacht und ganz erstaunt bemerkte unsere „Empfangsdame", „so lange?". Der Groschen fiel immer noch nicht.

Mit großem Erstaunen betrat man das Zimmer, es bestand fast nur aus dem Bett und überall waren Spiegel, auch an der Decke, merkwürdig. In den Zimmern drüber, darunter und nebenan waren die Geräusche mehr als eindeutig, schallendes Gelächter, dauernd schlugen Türen, jetzt dämmerte es den beiden. Man war in einem Stundenhotel gelandet.

Daher auch die erstaunte Nachfrage unserer „Empfangschefin", „so lange?".

Man nahm es mit Humor und schlief sofort ein. Am Morgen stellte man fest, trotzdem hervorragend geschlafen zu haben. Der Kaffee erweckte Tote zum Leben und die Croissants schwammen in beaucoup Beure, wunderbar.

Als man auf dem Parkplatz auch noch das Auto unversehrt vorfand, konnte die Reise amüsiert fortgesetzt werden.

HANDZAHM – JULCHEN DIE KOHLMEISENDAME

Sie brütete schon seit drei Jahren in dem Kasten ganz nahe am Fenster. Seit dem letzten Jahr aber war sie extrem vertraut. Immerzu diente der Kaffeetisch als Landeplatz, egal, wie viele Menschen daran saßen. Rosi hatte jetzt immer ein Glas mit Nüssen bereit und eines Tages kam Julchen tatsächlich auf die Hand, um die Nuss zu holen. Rosi hatte sie im Laufe der Zeit förmlich dressiert. Zunächst begab sie sich an der Terrasse in die Nähe von Büschen, hier war mehr Deckung, aber jeden Tag ging es mehr und mehr in Richtung Tisch.

Die Zutraulichkeit gab sie schließlich auch an ihre Brut weiter. Es war ein sehr gutes Jahr mit drei gelungenen Bruten und die ganze Schar Kinder beobachtete zunächst als Lektion von der Birke aus, wie „Mutter" es macht.

Wir warfen nun schon ab und zu ein paar Nüsse oder Sonnenblumenkerne auf die Terrasse und als schließlich Julchen hinflog, war der Bann gebrochen. Von nun an stürzte sich die ganze

Rasselbande unter lautem Gezeter auf die Körner. Jeden Morgen wussten sie genau, wenn die Fensterläden hochgezogen werden, gibt es etwas. Noch im Nachthemd warf Rosi eine Hand voll Körner und Nüsse heraus und die ganze Bande fiel darüber her. Später gesellten sich noch Amseln und Sperlinge dazu.

Eines Tages kam Manfred, ein Freund des Hauses aus Hamburg, bei einer Durchreise kurz vorbei. Bei wunderschönem Wetter trank man draußen Kaffee und Rosi ermunterte Manfred, es doch einmal mit einer Nuss zu versuchen, er war total skeptisch als unwissender Großstädter.

Zu unserem großen Vergnügen landete Julchen tatsächlich auf seiner Hand und damit war es um Manfred geschehen. Es war die Sensation seiner Reise und hatte einen derartigen Eindruck hinterlassen, dass er einige Monate später im Herbst schon wieder zu Besuch kam, nicht wegen Rosi, hauptsächlich wegen Julchen. Zum Glück wurde er nicht enttäuscht, im Gegenteil.

Auch die jetzt erwachsenen Jungen waren derart vertraut, ein Vergnügen. Aus einem Großstädter war ein glühender Naturliebhaber geworden.

In dem Freundeskreis in Hamburg war auch ein Ornithologe aus Lüneburg, der ihm Mut machte. In den Städten seien die Vögel noch viel mehr an die Menschen gewöhnt und die nächste Stufe der Vertrautheit, wie das Fressen aus der Hand, sei mit etwas Geduld sehr gut und schnell anzuerziehen. Man sehe doch, in den Ausflugslokalen hätten sich vor allem Sperlinge so an den Menschen gewöhnt, sie kämen in Scharen auf die Hand.

Manfred machte sich mit Elan „an die Arbeit“, aber durch die Nähe zur See kamen nun auch sehr viele Möwen in den Garten, ein großer Störfaktor.

Nach einem Jahr war er schließlich so weit gekommen, dass Meisen auf den Tisch im Garten kamen, wenn Menschen daran saßen. Die mutigste würde irgendwann auf die Hand kommen, die anderen würden es sehen und damit wäre der Bann gebrochen. Aber er gab auch zu, man brauche sehr viel Geduld.

MORD IN ADELSKREISEN

Schon seit Jahrzehnten, von Kindheit an, war Karl mit den beiden befreundet. Die Gräfin und ihr Mann hatten inzwischen beide schon die 80 Jahre überschritten und immer häufiger wurde dankbar seine Hilfe benötigt. Es war bisher kein gutes Jahr gewesen. Vor allem bezüglich der Gesundheit zogen immer häufiger dunkle Wolken auf. Zu allem Überfluss musste Mitte des Jahres auch noch ein Umzug in ein neu erworbenes Haus bewältigt werden und das in dem Alter. Die Gräfin war ein wenig eigen und Messie. In der alten Behausung reichte der Platz an allen Ecken und Enden nicht mehr aus und des lieben Friedens willen war auch der Graf einverstanden.

Er war ein alter Haudegen, aber die Kriegsverletzungen setzten ihm sehr zu. Der Frankreichfeldzug war damals für ihn noch ein „Spaziergang“ gewesen. wie er immer berichtete. Er hatte eine große Schwäche für Französinnen und die Offiziere ließen es sich in Paris sehr gut gehen, sofern möglich. Ein ganz anderer Wind wehte dann in Griechenland. Überall musste man auf Partisanen gefasst sein und die Kontrolle der Gebiete war schwierig. Immer dabei, Biene, der Langhaardackel von Jochen. Sie war der Liebling aller Soldaten und am besten machte sie sich auf dem Schützenpanzerwagen. Leider war der Abschied nicht abzuwenden. als es schließlich nach Russland ging. Die neue Heimat bei Freunden auf einem Bauernhof in der Bucht von Lübeck gelegen war allerdings bestens.

Jochen hatte Glück und wurde mit einer der letzten Ju 52 aus Stalingrad verwundet ausgeflogen. Immer wenn er Gästen erzählte, hingen sie an seinen Lippen. Es ist eben etwas anderes, wenn aus erster Hand erzählt wird, im Gegensatz zu heutigen Journalisten, die nichts miterlebt haben, aber alles besser wissen.

Es war damals eine ganz andere Generation als heute. Die Kinder waren sehr patriotisch erzogen und die guten alten Tugenden wie Höflichkeit, Hilfsbereitschaft, Anstand, Heimatliebe,

Achtung vor dem Alter, Traditionen pflegen waren selbstverständlich. Die Männer zogen in den Krieg mit dem edlen Gedanken, das Heimatland zu verteidigen. Millionen wurden durch die niederträchtige Propaganda Hitlers gnadenlos missbraucht. Zweifel im Laufe der Zeit traten in den Hintergrund, es ging ja um das Heimatland.

Jochen war immer unendlich traurig, wenn pauschal Soldaten als Mörder gebrandmarkt wurden, dabei hatte die überwältigende Mehrheit nur anerzogene edle Gedanken. Die Generation musste nun mit ansehen, wie Deutschland wieder von einem Extrem ins andere verfiel.

Auf allen Gebieten setzte ein beispielloser Niedergang ein, kein Anstand mehr, keine Achtung vor dem Alter, überall nur Ellenbogen und Rücksichtslosigkeit und viele Millionen verhaltensgestörter Menschen, die nur noch auf ihr Handy starren, anstatt sich zu unterhalten.

Seine Frau versuchte ihn immer zu besänftigen, auf eine extreme Epoche wäre immer eine extreme Gegenreaktion gefolgt, wenn man die Geschichte jahrhundertelang verfolge.

Die vielen Familientreffen in ganz Deutschland waren immer ein Höhepunkt und von diesen Reisen kamen die beiden zurück wie neu geboren. Erinnerungen wurden ausgetauscht und die neue Generation machte Freude.

Für eine gute Erziehung und Schulbildung schickten viele die Kinder nach England oder Irland auf Internate, oft sehr teuer. Fast immer kamen sie nach einem Jahr in den Ferien nach Deutschland zurück und waren nicht mehr wiederzuerkennen, höflich, hilfsbereit bescheiden, zurückhaltend und natürlich mit tollem Englisch.

Vor mehr als 15 Jahren nach ihrem Einzug in ein neues Haus hatten sie sehr schnell Kontakt zur netten Nachbarschaft und gaben nach einigen Monaten einen großen Empfang als Einstand. Es war ein Riesenerfolg und vor allem war die Ausbeute an neuen Telefonnummern und Adressen beachtlich.

Haushaltshilfen werden immer benötigt und der Graf hatte Adressen und Telefonnummern von diversen Damen. Nach den Erzählungen der Nachbarn waren die meisten in Haushalten von Diplomaten tätig, die Deutschland wieder verlassen hatten. Auch viele Engländer und Amerikaner der Fordwerke in Köln hatten fast immer große Häuser gemietet mit dem entsprechenden Bedarf an Hilfe.

Nach einigen Tagen rief der Graf bei einer Thailänderin an. Sie sprach Englisch und er wunderte sich über ihre Fragen, wie beim Staatsanwalt. Wie viele Personen im Haushalt wohnten und sie würde dann kommen, wenn er alleine sei. Er stutzte, scheinbar hatte er eine Telefonnummer für alles andere, nur nicht einer Putz- und Haushaltshilfe erhalten.

Es stellte sich dann im Laufe des Gespräches heraus, dass die „Dame" Hausbesuche bei Männern machte, um „asiatische Massagen" zu geben, was immer das bedeutete. Sie wären ungeheuer gut für die Gesundheit und würden auch sehr entspannen. Der Graf dachte bei sich, das könne er sich vorstellen. Aber anscheinend war das nur das Etikett, sonst hätte sie bestimmt nicht gesagt, zu kommen, wenn er alleine wäre. Asiatische Massagen sind ja ein sehr weites Feld und können alles sein. Diplomatisch bedankte er sich und verabschiedete sich höflich

Also ein neuer Versuch, er hatte ja genug Telefonnummern. Es sollte nach den Notierungen wieder eine Thailänderin sein und sofort meldete sich auch eine tiefe Stimme, der Graf dachte, das ist sicher der Ehemann. Ob er seine Frau sprechen könne, er habe notiert, sie heiße mit Vornamen Dominga. Den Familiennahmen hatte er nicht notiert, alle würden sie nur unter ihrem Vornamen kennen. Sie sei selber am Telefon, es war ihm unangenehm. Man vereinbarte einen Termin und eine Woche später erschien sie.

Eine sehr kleine Person, kräftig und in Männerbekleidung, in ihrer Begleitung eine hübsche junge Landsfrau. Sie suche auch eine Stelle, vielleicht könnten sie beide anfangen.

Die vorherigen Arbeitgeber seien nach Kanada versetzt worden und dahin hätten sie nicht mitgehen wollen. Man saß eine ganze Weile nett zusammen und es war auch für sehr naive Menschen nicht zu übersehen, dass es sich um ein Paar handelte.

Seit dieser Zeit war Dominga über all die Jahre eine sehr treue und fleißige Hilfe und nach einem Jahr bekam sie sogar die Schlüssel des Hauses, wenn niemand anwesend war. Der Graf und die Gräfin reisten sehr viel und jeder weiß, es ist unbezahlbar, dann zuverlässige Menschen zu kennen, die alles erledigen.

In den folgenden Jahren gab es Dramen zwischen Dominga und ihrer jungen Freundin. Aus Gründen, die allen anderen verborgen blieben, ging sie zuerst nach Berlin mit einer Familie und dann sogar in die USA. Die Thailänderinnen haben in Deutschland ein sehr enges Zusammengehörigkeitsgefühl wie alle Asiatinnen und Dominga war bestens informiert, was in Berlin passierte. Sie litt sehr darunter und war froh, Seelentröster zu haben. Nach einigen weiteren Jahren verlor sich dann aber die Spur in den USA.

Die Asiatinnen sind zu hunderttausenden illegal in Deutschland, niemand stört sich daran, vor allem der deutsche Staat nicht, schon sehr verwunderlich. Eventuell liegt es daran, dass diese Bevölkerungsgruppe nicht in die deutschen Sozialsysteme drängt, es ist zu bewundern, wie die Damen alles meistern ohne Krankenversicherung und Ähnliches.

Es stellte sich bei Dominga aber erst viel später heraus, dass auch sie illegal hier war.

Nach dem Einzug in das neue Haus hatte sie vor zu heiraten. Immerhin war sie inzwischen auch schon über 60 Jahre alt und musste an die Zukunft denken. Völlig überraschend sprach man darüber und da rückte Dominga mit der Sprache heraus. Durch eine Heirat würde sie einen deutschen Paß bekommen und könnte legal hier bleiben. Die Gräfin war fassungslos.

Den Verlobten hatte man schon kennengelernt und beim Umzug erwies er sich als sehr hilfsbereit. Es gab aber Probleme.

Angeblich kam er den Unterhaltszahlungen für seine erste Frau und die Kinder nicht nach und bekam daher immer wieder Probleme mit der Justiz.

Man riet ihr zunächst davon ab, Manfred zu heiraten. Nach deutschem Recht muss die Ehefrau auch für ihren Mann aufkommen, wenn sie Arbeit hat und er nicht. Zunächst mal sehen, wie sich die Beziehung entwickeln würde. Damit war das Thema erst einmal abgeschlossen. In der Folgezeit eroberte Manfred die Herzen durch seine Freundlichkeit und Hilfsbereitschaft. Immer war er zur Stelle wenn es brannte und auch eine Arbeitsstelle bekam er.

Kurz nach dem Umzug stürzte die Gräfin und brach sich die Schulter. Sie hatte noch Glück im Unglück, ihre Brille zerbrach, ohne die Augen zu verletzen. Sie wollte sich nicht operieren lassen und so zog sich die Genesung unendlich lange hin. Immer wieder dachte man darüber nach, wie es zu dem Sturz gekommen sein konnte. Es war weit und breit kein Hindernis gewesen, mitten im Zimmer war sie gefallen, das gab schon zu denken. Karl und Dominga halfen überall und immerzu.

Nach der Genesung ging es langsam aufwärts, bis es eines Tages bei einem Kaffeeklatsch an dem großen runden Tisch passierte. Alle waren guter Stimmung, es wurde gelacht und alle amüsierten sich köstlich. Obwohl die Gräfin schon seit einiger Zeit nur noch Kaffee trank, fing sie plötzlich an zu kauen, sie wollte etwas sagen, aber es ging nicht mehr. Sofort erkannte Karl, dass es sich um einen Ausfall im Gehirn handeln musste, und auch der Graf meinte, „da stimmt doch was nicht". Man versuchte sie anzusprechen, stellte Fragen, aber ohne Erfolg.

Schnell wurde der Notarzt angerufen und in noch nicht einmal zehn Minuten war dieser zur Stelle. Er erkannte sofort, was los war und in nicht einmal einer halben Stunde lag sie schon auf der Intensivstation des Krankenhauses. Bei Herzinfarkten und Schlaganfällen ist es ja ungeheuer wichtig, dass schnell geholfen wird. Durch längeren Ausfall der Sauerstoffzufuhr kommt es sonst zum Absterben von wichtigem Gewebe.

Anscheinend war alles bei der Gräfin noch rechtzeitig gewesen, nach nur einer Woche war ihr Zustand, als wäre nie etwas gewesen. Sie musste nun aber Mittel zur Blutverdünnung nehmen, die Einstellung der Stärke erwies sich großes Problem. Mal zu viel, dann zu wenig, aber auch das ergab sich dann nach einiger Zeit.

Im Oktober waren die ganzen Probleme des bisherigen Jahres vergessen und man entschloss sich, einige Wochen in den Schwarzwald zu fahren. Karl war in jeder freien Minute damit beschäftigt, das Umzugsgut im neuen Haus auszupacken, tausende Bücher, Unmengen von Porzellan und Hausrat, Familienakten, Klamotten ohne Ende. Man hatte noch zwei Garagen angemietet, die so voll waren, dass die Türen kaum verschlossen werden konnten. Um diese Dinge wollte sich die Dame des Hauses später „in Ruhe" kümmern und dann „aussortieren".

Man muss beachten, dies alles, nachdem man sich schon von unzähligen Dingen bei den Umzügen getrennt hatte.

Leider setzte sich aber die Pechsträhne des Jahres fort. In dem Hotel wollten die beiden unbedingt „Wellness" mit Massagen genießen. Was keiner wusste, der Graf litt an extremer Osteoporose, bisher war es noch nicht aufgefallen. Die Masseuse, eine sehr kräftige Schwarzwälderin, schien früher Kugelstoßerin gewesen zu sein. Mit ungeheurem Elan und Bärenkräften knöpfte sie sich alles vor, wo der Graf nach seinen Aussagen Probleme hatte.

Vor allem Rücken, Schultern und Lendenwirbel bereiteten Schmerzen. Nach zwei Massagen konnte er sich am anderen Morgen fast nicht mehr bewegen und schrie vor Schmerzen. Ein hinzugezogener Arzt verschrieb sehr starke Schmerzmittel und man war der Ansicht, dass es nach einigen Tagen sicher wieder besser werden würde. Man hat ja nach intensiven Massagen oft massiven Muskelkater. Als es aber nicht besser wurde, veranlasste die Gräfin einen Transport ins nahe gelegene Kreiskrankenhaus.

Der Professor bekam nach den umfangreichen Untersuchungen, begleitet von Schmerzschreien und Stöhnen, sehr viele Falten auf seiner Stirn, ein verdächtiges Zeichen. Einige Knochen waren gebrochen, sicher schon vorher nur noch wenig stabil. Die Massagen wären Gift gewesen, aber das sah man ja. Man könne jetzt umfangreich operieren, davon riet aber der Hausorthopäde dringend ab, in diesem Alter.

Die Überführung in eine Klinik zu Hause und ein langer Aufenthalt dort mit intensiver Behandlung brachte leichte Besserung. Eine anschließende mehrwöchige Reha sollte dann genügen, um sich wieder selber bewegen und alles selber bewerkstelligen zu können. Die Zeit alleine zu Hause wurde der Gräfin lang und sie war froh, vor allem in Manfred eine Hilfe zu haben, die immer zur Stelle war. Er verstand es meisterhaft, sich unentbehrlich zu machen, und niemand ahnte böses.

In dieser Zeit gab es zwischen Karl und der Gräfin zunehmend Probleme. Ihr Nervenkostüm war durch das mehr als unruhige Jahr sehr angegriffen und zum ersten Mal in den fast 50 Jahren kam es öfters zu Diskussionen und Meinungsverschiedenheiten. Das hatte es bisher noch nie gegeben. So zog sich Karl mehr und mehr zurück. Er sprach nirgendwo darüber und so wusste keiner genau, was vorgefallen war. Aber es fiel natürlich im Umfeld jedem auf. Immer hatte er sich gekümmert, immer war er zur Stelle, fast wie ein Hausbutler.

Im Dezember, eine Woche vor Weihnachten, war Karl morgens in seiner Praxis und bekam einen Anruf von einer Nachbarin, mit der sich die Gräfin und er immer blendend verstanden hatten. Soeben sei die Leiche der alten Dame abtransportiert worden, sie sei wohl in der Nacht verstorben. Allerdings war sie in der Badewanne von der Putzhilfe gefunden worden. Sie kam morgens, um zu helfen, und lief nach der Entdeckung der Leiche schreiend auf die Straße, wie Espenlaub zitternd.

Der alarmierte Hausarzt direkt um die Ecke konnte wohl nichts Eindeutiges feststellen und zog die Polizei hinzu und die Gerichtsmedizin. Es waren keine Einbruchsspuren festzustellen. Die Beamten stellten aber Merkwürdiges in der Gästetoilette fest. Scheinbar war sie dort eingesperrt gewesen, am gesamten Türrahmen waren starke Beschädigungen zu sehen, als habe jemand versucht, mit einem spitzen Gegenstand die von außen abgeschlossene Tür gewaltsam von innen zu öffnen. Damit war das Misstrauen geweckt, ein natürlicher Tod in der Badewanne?

Dominga mußte vorläufig bei der Kripo zum Verhör bleiben.

Karl gingen wie wild die Gedanken durch den Kopf. Er wusste, dass sie jeden Abend sehr spät in die Badewanne ging, auch wenn sie noch so müde war. Sie hatte ihm aber schon öfters gesagt, dass es ihr in letzter Zeit dabei öfters schlecht wurde. Er hatte ihr daraufhin geraten, nicht so spät und nicht zu heiß zu baden. Allerdings hatte sie große Venenprobleme und so waren Vollbäder nicht möglich. Mehr als 15 cm ließ sie nach eigenen Angaben nie ein, mehr ein Fußbad.

Schnell ergaben sich bei der Obduktion Hinweise darauf „dass nachgeholfen wurde", wie sich die Kriminalpolizei zunächst ausdrückte, und generell, Leichen in der Badewanne werden besonders misstrauisch von den Gerichtsmedizinern behandelt.

Wie immer bei solchen Morden muss natürlich in „alle Richtungen" ermittelt werden. Das ganze Umfeld wird auf den Kopf gestellt, Telefonlisten der letzten Zeit werden erstellt und ganz harmlose Menschen sind plötzlich tatverdächtig, vor allem Karl. Der Streit mit der Gräfin und die lange „Sendepause" machten ihn besonders verdächtig.

Eine ungeheure Nervenbelastung für ganz normale Menschen, wo kommt es schon vor, dass im unmittelbaren Freundeskreis ein Mord geschieht? Der plötzliche Tod eines geliebten Menschen ist ja schon schlimm genug, aber dazu auch gleich noch ein Mord, verheerend.

Die Spurensicherung im Haus erwies sich als äußerst schwierig, die Dame war Messie. Zwei Umzüge in den letzten Jahren, Umzugsleute, Handwerker und Hilfskräfte, alles wimmelte von Fingerabdrücken, aber immer dabei die von Karl.

Schon beim ersten Anruf der Kriminalpolizei bei ihm merkte er am Unterton, er gehörte zu den dringend Verdächtigen, offiziell war er Zeuge, sonst hätte er die Aussage verweigern können. Andererseits brauchte ihn die Polizei vor allem wegen seiner Kenntnisse über alles.

Er hatte eine lange geplante Reise nach Frankreich und Süddeutschland vor und die Polizei meinte, er könne ruhig fahren. Er musste genau mitteilen, wohin er fahre, und auch seine Handynummer wurde notiert. Karl hatte sich bereiterklärt, die Reise zu verschieben, aber man meinte, die Vernehmung sei auch danach möglich.

Kaum war er aber in Süddeutschland klingelte sein Telefon, natürlich war die Kripo dran. Wo er sei, es hätten sich wichtige neue Aspekte ergeben. Karl wusste gleich, jetzt wird überprüft, ob die Angaben auch stimmen. Ortung per Handy. Es sei ganz wichtig, dass er zur Vernehmung zurückkomme, also wieder 500 km zurück.

Sonntags musste er ins Polizeipräsidium, Vernehmung mit zwei Polizisten. Einer saß nur dabei zur Beobachtung, der andere legte los. Jede Frage war indirekt ein Vorwurf, die jahrelange Hilfe erschien in seinen Augen als Vorbereitung des Mordes. Nach drei Stunden war er am Ende und brach nervlich zusammen. Man muss wissen, er war in der Beziehung erblich vorbelastet und hatte mit seinem Nervenkostüm und den vielen Auswirkungen auch im normalen „Gesundheitszustand" die größen Probleme. Ein jetzt verheerender Zustand.

Natürlich sagte er sich vom Verstand her, bei einem Mord muss so vorgegangen werden, aber wenn man selber betroffen ist, sieht es doch anders aus. Bei vielen Diskussionen in der Vergangenheit, wo es um die Bekämpfung von Terrorismus ging, hatte er immer den starken Staat verteidigt, also auch Gesetze, die massiv in das Privatleben von uns allen eingreifen.

Wenn man nichts zu verbergen habe, könne es doch ruhig massenhaft Kameras geben. Speicherung von Telefonaten und Mails im Internet, die Sicherheit gehe vor. Nachdem er das aber jetzt am eigenen Leib gespürt hatte, war er glühender Verfechter des Gegenteils geworden. Zu sehr hatte man sein Privatleben und alles auf den Kopf gestellt, obwohl keine konkreten Anhaltspunkte vorlagen, nur Verdachtsmomente.

In den folgenden Wochen musste er noch mehrmals das Präsidium aufsuchen und so langsam merkte er, der Ton wird entspannter. Vor allem brauchte man ihn, keiner wusste so gut Bescheid wie er. Umzugsfirmen, Handwerker, Freunde, Umfeld, eventuelle Feinde, Angewohnheiten, alles wollten sie wissen.

Karl versuchte sogar Optimismus zu verbreiten, mehr als 95% der Morde würden aufgeklärt, man würde den Täter bestimmt fassen. Aber der Leiter der Sonderkommission meinte, das sei kein Trost, wenn man bei den 5% sei. Es verbreitete sich Verzweifelung, man war offenbar noch keinen Millimeter weitergekommen. Da sich aber auch keiner im Grunde vorstellen konnte, dass sie tatsächlich ermordet worden war, wurde auch die Frage nach einem Justizirrtum gestellt. Sie war im Vorfeld der Tat auch noch einmal schwer gestürzt und hatte Blutergüsse überall am Körper. Dies geschah, als sie ihren Mann im Krankenhaus besuchte. Aber da war sie wohl auf dem glatten Boden ausgerutscht.

Anscheinend verfügte die Gerichtsmedizin doch über sichere Anhaltspunkte von Gewalteinwirkung, wie Würgemale. Nach einer Nacht im Wasser kann man heute noch so gut wie alles feststellen. Es wird nur schwieriger, je länger die Leiche im Wasser liegt.

Es gab keinerlei Spuren, wie der oder die Täter in das Haus gekommen waren. Der Van stand immer vor dem Balkon des Hauses und nicht in der Garage. So wäre es leicht gewesen, über den Van auf den Balkon und dann ins Schlafzimmer zu gelangen. Dessen Tür stand immer offen wegen der „frischen Luft“. Aber es gab keinerlei Spuren am Auto oder auf dem Balkon. Auch eine Möglichkeit war der sogenannte „Zufallsmord“. Sehr häufig klingelten in der Gegend agressive Bettler, aber dem machte man doch nicht die Tür auf. Die alte Dame war immer zuerst auf den Balkon gegangen und hatte am Abend nie aufgemacht.

Schlagartig änderte sich das Bild, als bei einer weiteren Vernehmung ein Foto aus einem Gefängnis gezeigt wurde, ob er diesen Herrn kennen würde. Zunächst ohne Reaktion dämmerte es Karl nach einiger Zeit.

Es war der deutsche Verlobte der Haushaltshilfe Dominga, den er einmal persönlich bei der Verlobungsfeier kennengelernt hatte. Welch ein Unterschied zwischen diesem Foto und der Person in Natura. Er erläuterte der Polizei, dass die älteren Herrschaften ihn damals gebeten hatten, zu der Verlobungsfeier zu gehen und alle zu vertreten. Man wollte nicht unhöflich erscheinen. Kleine Geschenke wurden von Karl mitgenommen, man wünschte Dominga so sehr, dass es klappen würde. Ursprünglich wollte sie sofort heiraten, aber alle rieten ihr ab, erst einmal versuchen und sehen, ob er auch ein guter Mann sei. Er redete zwar bei der Feier so gut wie nichts und war extrem zurückhaltend, aber das wurde von den Anwesenden positiv ausgelegt, er sei ja ein so netter und zurückhaltender Mann.

Auch Karl hatte einen guten Eindruck bekommen, worüber er auch Graf und Gräfin berichtete. In der anschließenden Zeit lernte die alte Dame ihn zunächst am Telefon und dann auch persönlich kennen, sie war begeistert von ihm und seiner Hilfsbereitschaft. Daran konnte auch die Mitteilung nichts ändern, er sei zurzeit im Gefängnis. Die erste Ehefrau würde ihn auspressen und er könne den finanziellen Forderungen nicht nachkommen. Nach der Entlassung baute er scheinbar ein engeres Verhältnis zu ihr auf. Niemand erfuhr näheres, aber eventuell genierte sie sich, auch der Graf wusste davon nichts.

Auch Karl meinte, wenn er seine Strafe abgesessen habe, sei es doch in Ordnung, Vorurteile seien nicht so gut und jeder müsse eine zweite Chance haben. Die Gräfin war sehr sozial eingestellt und bestimmt hatte sie sogar Mitleid mit ihm.

Seine Fingerabdrücke hatte die Polizei auch in der Wohnung gefunden, aber das war nichts Ungewöhliches, schließlich hatte er auch beim Umzug sehr tatkräftig geholfen. Karl war damals allerdings nicht dabei gewesen, da er verreisen musste. Als er dann zurückkam, packte er ganz alleine den Umzug aus, vor allem tausende von schweren Büchern. Dabei erlitt er noch einen Bandscheibenvorfall und hatte viele Wochen große Probleme.

Mit dem Nachbarn, einem Beamten des Bundeskriminalamtes, unterhielt er sich noch lange und der meinte bei dem Umzug habe der Freund von Dominga auch mitgeholfen. Auf ihn habe der einen sehr unsympatischen Eindruck gemacht, sie solle vorsichtig sein. Aber diese Leute habe ja schon von ihrem Beruf her eine ganz andere Menschenkenntnis.

Es wurden keinerlei neue Spuren oder Fingerabdrücke gefunden, der oder die Täter mussten wohl Handschuhe getragen haben.

Als Folge der Ereignisse bekam Karl massive Gesundheitsprobleme, Albträume, Tinnitus, Panikattaken, Herzprobleme, Schweißausbrüche in der Nacht, Angstzustände, es war verheerend. Das vegetative Nervensystem war eindeutig sehr stark in Mitleidenschaft gezogen worden.

Die Schlinge um Manfred wurde immer enger. Er hatte ausgesagt, seit dem Umzug habe er keinerlei Kontakt mehr mit Haus und Gräfin gehabt. Im Zuge der Ermittlungen wurde aber festgestellt, dass er an dem Mordtag am Nachmittag ein Taxi zu dem Stadtteil genommen hatte, sehr verdächtig. Aber er konnte ja auch nur dort spazieren gegangen sein. Einen greifbaren Beweis hatte man immer noch nicht. Das bereitete den Ermittlungsbehörden Kopfzerbrechen. Ein Indizienprozess ohne Beweise ist immer problematisch.

Der Durchbruch ergab sich aber kurze Zeit später. In der Gerichtsmedizin wurden an der Toten unter ihren Fingernägeln DNA-Spuren von Manfred gefunden. Obwohl er bis zuletzt die Aussage verweigerte und leugnete, war damit die Beweislage eindeutig. Er hatte sie erwürgt.

Der Prozeß war 1 ½ Jahre später und er wurde zu lebenslanger Haftstrafe verurteilt. Wegen seiner zahlreichen Vorstrafen würde wohl eine vorzeitige Entlassung nach 15 Jahren nicht in Frage kommen.

Am 23.12. wurde die Ermordete in einer ergreifenden Trauerfeier verabschiedet. Die Kirche war brechend voll und die Anteilnahme riesig. Aus ganz Deutschland und dem Ausland waren Freunde und Verwandte angereist. Der Ehemann war noch immer nicht in der Lage, wieder selber zu laufen, und stand in seinem Rollstuhl ganz vorne neben dem Sarg. Es war eine herzzerreißende Szene und der arme Mann sah so schlecht aus, man meinte, er würde gleich zusammenbrechen. Er hatte als Soldat unglaublich viel mitgemacht, aber die ermordete und geliebte Ehefrau zu beerdigen, brachte auch ihn an seine Grenzen.

Zwei Monate später wurde die Urne zu Grabe getragen auf einem wunderschönen Waldfriedhof. Hier fand sie ihre letzte Ruhe.

In den folgenden Wochen und Monaten kamen nun immer neue Details an Tageslicht.

Während des Krankenhausaufenthaltes stellte die Gräfin mit ihrer Hilfe das ganze Haus auf den Kopf, Generalreinigung. Dabei fiel aus dem Bett zwischen den Matrazen ein Briefumschlag mit 30.000 Euro heraus, was Dominga natürlich nicht entging. Es war schon verwunderlich, denn man hatte im Haus zwei kleine Safes. Karl hatte sich früher schon immer gewundert, dass so viel Bargeld im Haus war. Anscheinend hatte das der Mann dort deponiert, die beiden Damen waren ahnungslos.

Natürlich erzählte es Dominga zu Hause und so nahm das Unglück seinen Lauf. Keiner wusste es, aber Manfred hatte schon mehr als zehn Vorstrafen und Dominga immer das Blaue vom Himmel vorgelogen. Einmal hatte er sogar eine Frau gewürgt, um in ihrem Geschäft an das Bargeld heranzukommen.

Dies war wohl die Tat, welche zu einer Gefängnisstrafe geführt hatte, obwohl er Dominga immer erzählt hatte, es hinge damit zusammen, dass er den Unterhaltszahlungen für seine geschiedene Ehefrau und der Tochter nicht hatte nachkommen können.

Geschickt gelang es ihm, das Vertrauen der alten Leute zu erwerben. Als die Gräfin nun in all den Wochen alleine zu Hause war, machte er sich an einem Nachmittag mit dem Taxi auf den Weg zu ihr. Natürlich öffnete sie die Haustüre, wohl in der Erwartung von Hilfe für die Aufräumarbeiten.

Was dann genau geschah, ließ sich wohl nicht mehr feststellen. An der Tür zur Gästetoilette fanden die Polizisten eindeutige Spuren, als sei versucht worden, die Türe von innen mit einem spitzen Gegenstand aufzuhebeln. Am Rahmen waren zahlreiche Schäden die darauf hindeuteten. Der Täter hatte sie dort eingesperrt, um nach dem Geld zu suchen, offenbar wollte sie es freiwillig nicht herausgeben.

Immer wieder wird ja von der Polizei davon abgeraten, sich bei Überfällen zu wehren. Man soll alles, was man bei sich oder im Hause hat, bereitwillig herausrücken, in der Hoffnung dass die „Gäste“ dann wieder den Tatort verlassen.

Anscheinend sah der Täter hier aber nur die Möglichkeit eines Mordes in der Badewanne, weil man sich kannte. Dadurch, dass er Handschuhe angezogen hatte, tappte die Polizei aber so lange im Dunkeln. Ein kaltblütiger Wiederholungstäter.

ROBIN

Manche gefiederten Freunde haben einfach keine Lobby bei der Presse. Sie werden, auch wenn man sie nur sachlich beschreibt, so negativ dargestellt, ein richtig gern haben fällt schwer. Die schwarzen Rabenvögel mit ihrem wenig schönen Geschrei und Gekrächze und andere Gesellen kommen fast immer schlecht weg. Dabei sind sie ganz aufopfernde Eltern und wahre Intelligenzbestien. Aber so ist es nun mal. Wenn Menschen hässlich und als Zwiebel geboren sind, können sie auch nicht als Rose erblühen.

Ganz anders bei den Rotkehlchen. Man muss sie einfach gerne haben. Besonders beliebt ist es in England, dort nennt man es Robin. Von dort her stammen auch die erstaunlichsten Geschichten über ihre Zutraulichkeit. Früher haben wir immer gedacht, es sei übertrieben, oder stellen es die Engländer einfach geschickter an als wir?

Besonders zu Weihnachten geht in England fast nichts ohne Robin. Auf allen kleinen und großen Geschenken, Servietten und Tischdecken ist fast immer das Motiv Mistel und Robin.

Unzählige Geschichten ranken sich darum, wie wohl die Farbe des Federkleides zustande gekommen ist, und natürlich Märchen.

Als Jesus zur Welt kam, war es bitterkalt und das Feuer im Stall erwärmte alle. Was keiner sah, es waren nicht nur Ziegen und Schafe anwesend, sondern oben saß auch ein Rotkehlchen am Fenster. Alle waren erschöpft und schließlich schlief man ein. Das Feuer drohte zu erlöschen und das Jesuskind zu erfrieren. Da flog Robin zu der noch glimmenden Feuerstelle und entfachte mit seinen Flügeln erneut die Flammen. Dabei muss es sich wohl die Brust etwas verbrannt haben. Andere Christuslegenden berichten vom Blut Jesu am Kreuz, als das Rotkehlchen einen Dorn aus dem Haupt entfernte. In manchen Gegenden Europas gilt es als Glücksfall, wenn sie in der Nähe des Hauses wohnen. An anderen Stellen muss die rote Brustfarbe im Aberglauben als böses Omen herhalten.

Seit Jahren sind sie auch in unserem Garten, sogar im Winter. Früher galten sie als Zugvögel, die dann in den Süden zogen, wenn es unerträglich kalt wurde. Durch die Erwärmung der Erde und immer mildere Winter bleiben sie jetzt aber in der kalten Jahreszeit offenbar immer hier. In jedem Frühjahr müssen wir das Rosenbeet für den Sommer neu präparieren und seit vorletztem Jahr haben wir ständig „Aufsicht“ dabei. Unser Rotkehlchen sammelt in dem frisch geharkten Beet Würmer und alles mögliche andere, und kommt dabei fast auf Armlänge an uns heran.

Auch im Winter sitzt es morgens auf der Fensterbank und wartet. Die Gardinen werden beiseite geschoben und Robin schaut in die Küche, ein sicheres Zeichen, dass die Haferflocken, mit etwas Öl getränkt, aufgebraucht sind. Schnell füllen wir auf und dabei wartet es schon ganz nahe im Rosenbusch. Natürlich haben auch andere Hunger, vor allem die Amseln und Spatzen bevorzugen Weichfutter. Aber es muss mit Öl getränkt sein, sonst ist es ihnen zu trocken. Man gönnt sich ja sonst nichts. In dem großen Futterhaus ist schnell Betrieb, aber Robin weiß sich auch hier durchzusetzen.

Ornithologen haben herausgefunden, dass sie sowieso sehr zum Zank neigen, und dann ist es mit dem goldigen Aussehen vorbei. Wie Hyänen jagen sie sich durch den Garten, wenn Konkurrenten auftauchen und das Revier gestört wird.

Schon immer haben wir uns gewundert, dass sie trotz unserer Mauswiesel in jedem Jahr Junge haben. Sie sind ja Bodenbrüter und trotz allergrößter Mühe ist es uns noch nie gelungen, ein Nest ausfindig zu machen. Dabei muss es bei uns sein, aber sie machen es so geschickt, kein Wunder. Irgendwo am Gartenrand unter alten Steinen und in der Nähe der Mauer? Beim Rasen mähen passen wir immer auf, aber auch an den Rändern, Fehlanzeige.

Wenn sie füttern, nähern sie sich der bestimmten Stelle im Rasen bis auf zwei Meter und bleiben dann sehr lange und regungslos stehen. Wir beobachten aus dem Zimmer, ca. zehn Meter entfernt. Irgendwann sind sie dann verschwunden und wir haben sie auch noch nie irgendwo wieder herausfliegen sehen. Genau wie Fasane bleiben sie auch bei größter Gefahr auf dem Nest sitzen, bis man fast darauf tritt.

Das ist wohl ihr Überlegensgeheimnis und deshalb sieht man sie überall relativ häufig.

Die Ausbreitung ist allerdings auf Europa beschränkt. Es gibt überall verwandte Arten mit blauer Brust oder anderem Gefieder. In Japan brüteten Meisen in unserem Garten, aber ein Rotkehlchen haben wir dort nirgendwo gesehen. Das japanische Rotkehlchen hat lediglich einen roten Hals, aber der Wuchs ist sehr typisch. Andere Verwandte erinnern in ihrem Wuchs mehr an die Bachstelze.

In der Singlautstärke kommen sie zwar nicht an den Zaunkönig heran, aber immerzu ertönt ihr Gesang sehr schön in den Bäumen.

Sobald nach dem Winter die Arbeit im Garten beginnt, wundern wir uns, wenn Robin nicht dabei ist. Sollte schon Brutzeit sein, Anfang April ist es doch noch ein wenig zu früh dafür. Aber am anderen Tag treten sie uns fast wieder auf die Füße und auch der Gesang ist nicht mehr zu überhören. Sobald die Amseln auf dem Rasen Würmer sammeln und dabei in die Nähe der Mauer und den Stapel alter Steine kommen, stürzen sich beide auf den Eindringling und attakieren ihn von oben. Ein sicheres Zeichen, dass in der Nähe das Nest sein muss.

Wie schön, dass alles wie im letzten Jahr zu sein scheint.

SEIN LETZTER BRIEF VON DER FRONT

Im Felde, 27.9.1941

Meine lieben Eltern, liebe Schwester!

Heute war großer Festtag bei uns. Weihnachten kann es nicht schöner sein. Nach langer Pause kam Post. Vier große Säcke allein für meine Kompanie. Dabei gab es Päckchen und Briefe für mich in Mengen. Habt tausend Dank, ihr Lieben. Alle Sachen kann ich herrlich gebrauchen und kann mir vorstellen, wie schwer die Dinge zu bekommen sind.

Mir geht es nach wie vor ausgezeichnet, wenn ich auch gerade in den letzten Tagen mächtigen Dusel gehabt habe. Die große Vernichtungsschlacht ostwärts Kiew war auch mit unser Sieg. Alles Nähere schildere ich Euch später. – Der Durchfall ist besser, unsere Verpflegung gut und reichlich, der Nachschub pünktlich, was bei diesen Wegeverhältnissen ein Wunder an Organisation darstellt. Heute Nacht hat es gefroren, die Nächte werden manchmal schon verdammt kalt. Trotzdem sind die Männer weiter guten Mutes.

Wenn Leningrad, Moskau und das Donezbecken in unserer Hand sind, haben wir es geschafft. Die Moral der Russen ist gebrochen, seine Widerstandskraft erlahmt mehr und mehr. Die Überläufer werden zahlreicher. Es fehlt den Russen am notwendigsten, Munition und Verpflegung kommt nicht nach. Nur die Truppenteile, bei denen die Kommissare noch leben, fechten noch wie zu Beginn des Krieges. Das Kompanie führen ist wahrlich kein Kinderspiel, macht aber Freude und der Laden klappt. Neulich fiel zwei Schritte von mir entfernt ein Gruppenführer von mir, 14 Tage jünger als ich, Abiturient. Er war ein feiner Kerl. Ich konnte ihn noch aus dem Feuer zurücktragen, er war aber schon tot. M.G. Garbe, sieben Durchschüsse, Kopf und Herz.

Der Brief an die Eltern, den ich als Kompanieführer schreiben musste, war nicht einfach. In seinem Soldbuch fanden wir auf einem Meldezettel hingeworfen einige Abschiedszeilen an die Eltern und Geschwister. Hatte er etwas geahnt, so fragt man sich? Ich glaube kaum. Wie gnädig ist es doch vom Schicksal eingerichtet, dass man vom plötzlichen Tode nichts weiß. Es würde auch nur hemmen. So tut man seine Pflicht, kämpft den inneren Schweinehund nieder – er kommt bei jedem einmal auf – und kann in der nächsten Sekunde nicht mehr leben. Es ist alles Bestimmung und Fügung von oben, – ich glaube an ihn!

Welch ein stolzer Beruf ist doch der Offizier. Das Vorbild sein, ist wohl das Schwerste und zugleich das Schönste. Vorbild im Kugelregen, nicht zeigen, dass man Angst hat, die Männer mitreißen. Herrgott, es lohnt sich, in unserem Stand zu leben.

Wir haben uns hier in einem verlassenen Bauernhaus zur Nacht eingerichtet. Mein Bursche bringt mir gerade Abendbrot, Schmalz, Kommißbrotstullen und Milch. In den letzten Stunden war es ruhig. Wird der Russe heute Nacht angreifen? Er soll man kommen, wir bereiten ihm einen sauberen Empfang. 2 cm Flak als Sturmgeschütze sind uns zur Verstärkung beigegeben.

Doch ich muss jetzt schließen. Die Stellungen müssen noch abgegangen werden. Der Spieß wartet schon mit der Versorgungsmeldung, einige Unterschriften sind noch zu erledigen. Der verd... Papierkrieg. Und dann noch heute Abend Lagebesprechung und Befehlsausgabe beim Kommandeur. So reißt die Arbeit nie ab, eine Zigqarette und ein selbstgebrauter „Bärenfang“ (Honig und erbeuteter Wodka) möbeln einen wieder auf.

Die letzte Post von Euch stammt vom 6.9. (Päckchen mit Knäckebrot). Bitte verpackt die Sachen besser, fast alle meine Päckchen kommen halboffen an. Unser rührendes Emmchen hat mir Zwieback geschickt. Grüßt sie und Titta bitte besonders herzlich, ich schreibe ihnen auch noch, ebenso Tante Else. Euch allen sende ich die herzlichsten Grüße, und bleibe immer

Euer dankbarer und treuer Hans- Jürgen.

Schickt bitte Zeitschriften und leichte Lektüre, ferner Kriegsgedichte von Walter Flex.

Man ist fassungslos, 19 Jahre alt, erfüllt von Pflichterfüllung und dem unerschütterlichen Glauben für die Heimat gutes und Edles zu tun.

Gut 14 Tage später!

Kp.Gefechtsstand 12.10.41
Hochverehrter Herr Major!(Vater von Hans- Jürgen)

Seit dem 27.9.41 habe ich die Ehre, die Kompanie zu führen, die Ihr Herr Sohn vor mir vorbildlich führte. Vier kurze Tage nur war es mir vergönnt, ihn persönlich kennen und schätzen zu lernen und in ihm einen befähigten Pionierzug-Führer zu haben.

Am 1.10.41 vormittags bekam er vom Kommandeur persönlich den Auftrag, mit seinem Pionierzug als Spähtrupp eine russische Batterie-Stellung zu erkunden.

Mit dem ihm eigenen Schneid erkundete er die Feindstellung und griff sie an der Spitze seines Zuges kühn an. Durch einen Gewehrschuss, der sofort tödlich wirkte, fiel er den Heldentod für die Größe und den Endsieg unseres Vaterlandes. Der Kompanie war er als Vorbild des jungen stürmenden deutschen Offiziers, der jede Lage meisterte und durch sein kameradschaftliches Verhalten und sein persönliches Auftreten alle Herzen im Sturm eroberte und dadurch unser aller unvergesslicher Kamerad bleiben wird.

Voll stolzer Trauer stand die Kompanie am Grabe dieses selten begabten und beliebten Offiziers, den der Tod nicht von der Kompanie trennen konnte. In dem Kriegstagebuch und in schriftlichen Kriegserinnerungen wird ihm immer ein Ehrenplatz sicher bleiben. Noch am 29.9.41 wurde ihm vom Kommandeur wegen seiner persönlichen Tapferkeit und seiner umsichtigen Führung in schwierigen Lagen das Eiserne Kreuz II Kl. verliehen.

Seine von Kameraden liebevoll geschmückte Grabstätte liegt an der Straße Jampoli-Simanowka, 3 km. südlich Simanowka. Von Kameraden sind von diesem Ehrenplatz Aufnahmen gemacht worden, die ich Ihnen nach Fertigstellung zusenden werde.

Hochverehrter Herr Major, erlauben Sie mir, Ihnen mein tiefstes Mitgefühl übermitteln zu dürfen anlässlich des Heldentodes meines mir unvergeßlich bleibenden Pionierzug-Führers.

Heil Hitler!

Ihr ergebener …

MODENSCHAU

Albert betrat das Haus und er hörte, wie Clara mit ihrer Freundin Helene aus der Stadt telefonierte. Normalerweise ist dies immer ein längerer Akt, aber da das Essen auf dem Herd stand, war diesmal die Dauer des Telefonats überschaubar. Sie kannten sich seit Jahrzehnten und trotz mancher Meinungsverschiedenheiten, natürlich meist, was die Männer anging, verstand man sich prächtig. Hier tauschten Stadt und Land die Meinungen aus, fortschrittlich und mehr traditionell, wie man meinte.

Am nächsten Abend wollte man mal wieder zu einer Modenschau gehen. Für Clara was dies immer etwas Besonderes. Natürlich wehte hier nicht der Duft von Paris, New York oder Tokyo, aber die Mode war tragbar, bezahlbar und danach gab es immer noch einen kleinen Sektempfang. Hierbei hatte man schon die tollsten Paradiesvögel kennengelernt und sich köstlich amüsiert. Vor allem war dies aber ein absolutes Kontrastprogramm zum Landleben.

Bei der ersten Modenschau vor Jahren hatten sie Japaner kennengelernt und es entwickelte sich fast so etwas wie eine Freundschaft. Man traf sich ab und zu und immer wurden Bilder aus Japan, vor allem Tokyo gezeigt. Es war allen gleich das äußerst gepflegte Straßenbild aufgefallen, die Japanerinnen massenhaft und nicht ab und zu totchic und auch die Männer fast immer sehr gepflegt.

Ein krasser Gegensatz zu Deutschland, wo das Straßenbild ja immer verlotterter wird. Ein gewisser Zeitgeist in ganz Europa, je ungepflegter und gammeliger, desto besser. Die japanischen Freunde meinten auch, immer wenn sie von einem mehrwöchigen Aufenthalt in der Heimat wieder nach Deutschland zurückkämen, müsse man sich erst einige Tage wieder daran gewöhnen.

Am anderen Tag kam am Nachmittag noch Corinne aus dem Dorf auf eine Tasse Kaffee vorbei. Sie hatte vor einigen Jahren von Colmar nach Deutschland geheiratet und fühlte sich hier auf dem Land sehr wohl. Das alte Natursteinhaus im Ortskern wurde wunderbar renoviert und restauriert, der einzige Wermutstropfen war die mangelnde Aussicht. Aus diesem Grund hatte Clara damals vorgeschlagen doch auch im Neubaugebiet zu bauen.

Es liegt oberhalb des Dorfes und man hat eine traumhafte Weitsicht. Sie und ihr Mann wollten aber nicht.

„Man weiß nie, wen man als neuen Nachbarn bekommt, und in Deutschland landet man vielleicht schon vor Gericht wenn die Blätter rüberwehen."

„Meine Eltern haben schon damals in Colmar gute Kaufgelegenheiten auf der deutschen Seite ausgeschlagen, weil sie immer von anderen Franzosen gehört hatten, fast immer gab es mit den Nachbarn Ärger."

„Ja, wie recht ihr hattet, unsere direkten Nachbarn sind zwar alle in Ordnung, aber du weißt ja, im Neubaugebiet gibt es ansonsten viel Ärger."

Clara sah toll aus, schon am Vormittag war sie bei Leni gewesen und hatte Kostüm, Schuhe und Handtasche dabei, damit das Make-up farblich perfekt abgestimmt wurde. Sie sah aus wie aus einem Modejournal. Als sie zurückgekommen war bewegten sich bei den Nachbarn verdächtig die Gardinen.

„Warum ziehst du heute Abend denn ein Kostüm an und keine flotte Kombination?".

„Ehrlich gesagt ist es mir dazu noch zu kalt, bei der letzten Modeschau habe ich unheimlich gefroren und prompt war ich am anderen Tag total erkältet".

Corinne hatte für Mode überhaupt keinen Sinn, obwohl sie Französin war. Ihr kam es immer darauf an, sich vor allem bequem und praktisch zu kleiden. Die Sachen mußten möglichst weit und unempfindlich sein. Pullover, T-Shirts, Hosen und Schuhe wurden bevorzugt angezogen und es war auch nicht schlimm, wenn man sich einmal dreckig machte. Schließlich lebte man ja auf dem Land. Sie konnte sich in der Stadt immer über manche Frauen amüsieren, die von oben bis unten mit teuren Marken dekoriert waren. Sie meinte, meist seien das Frauen, die entweder ein wahnsinniges Geltungsbedürfnis oder Minderwertigkeitskomplexe hätten.

Sie akzeptierte, wenn es nur darum ging, sich einfach chic zu machen, es tat der Seele gut und man fühlte sich einfach wohler.

„Ich bin sehr gespannt, was es heute Abend alles zu sehen gibt, die Mode lässt sich ja immer wieder was Neues einfallen. Das meiste wäre bestimmt nicht dein Geschmack, du fändest es sicher nicht tragbar".

„Hauptsache, dir macht es Spaß, ich merke ja immer, wie du auflebst. Es ist für dich einfach ab und zu wichtig, hier mal wieder rauszukommen, als Tapetenwechsel."

Clara sah auf die Uhr und stellte fest, wie spät es schon war. Immer wenn Corinne kam, vergaßen die beiden die Zeit, ein gutes Zeichen, aber nun musste sie dringend los. Immerzu gab es auf den Autobahnen Staus und in der Stadt war zu dieser Zeit Feierabendverkehr. Der Veranstalter verschickte zwar genau so viele Einladungen, wie Plätze vorhanden waren, da gab es nie Probleme. Aber sie wollte auf keinen Fall zu spät kommen wie eine Bekannte aus dem Nachbarort. Es konnte sein, was wollte, immer war sie unpünktlich.

In der Vorhalle des Hotels war zehn Minuten vor Beginn schon mächtig was los. Helene war zwar meist nicht zu spät, kam aber immer auf den letzten Drücker. Also blieben noch ein paar Minuten Zeit, die Szene zu beobachten. Sie setzte sich in einen Sessel direkt an einer großen Säule, von wo man alles bestens überblicken konnte. Es war wieder alles vertreten, sehen und gesehen werden. Sonnenbanktypen, gepflegt, ungepflegt, sportlich, unsportlich.

Ein völlig überspanntes Pärchen blieb in der Nähe stehen und wirkt total gestreßt.

„Kannst du denn nicht einmal einigermaßen früh genug sein?", herrscht sie ihn an.

„Wir sind doch super pünktlich, es geht doch erst in zehn Minuten los, außerdem war es heute im Büro extrem unruhig, der Umbruch ist noch nicht überstanden“.

„Du konntest dich doch in aller Ruhe fertig machen.“

„Was, gerade heute Nachmittag hatte ich volles Programm, erst musste ich unseren Wocheneinkauf beim Biobauern erledigen und dann hatte Diana heute Ballett. Ich habe mich wahnsinnig geärgert, unser irrsinnig guter Ziegenkräutertortenknoblauchbrie aus Burgund war schon wieder nicht da, jetzt weiß ich überhaupt nicht, welchen Käse ich essen soll. Gregor kam viel zu spät aus der Schule und so konnte er nicht mehr mit dem Bus zum Klavierunterricht fahren. Aber wozu ist die Chauffeuse da. Außerdem kann ich mir nicht vorstellen, mein Schatz, dass du mit einer Vogelscheuche zur Modenschau gehen willst. Ich habe heute schon wieder den ganzen Tag nicht auszuhaltende Kopfschmerzen. Meine Probleme mit den Wechseljahren werden immer schlimmer. Ich bin immer öfter depressiv und du könntest wirklich mehr Rücksicht nehmen.“

„Von deinen Depressionen habe ich noch nie was gemerkt, du schäkerst doch überall rum.“

„Du müsstest mich doch besser kennen, das ist alles nur Fassade.“

Die beiden sprachen ziemlich laut und schienen sich überhaupt nicht daran zu stören, dass die gesamte Umgebung alles mitbekam. Sie zogen weiter und zwei Männer gingen nicht, sondern rauschten vorbei. Sie hatten mehr Ketten und Ringe an als fünf Frauen und machten einen total beschwingten Eindruck. Drogen, Alkohol oder einfach nur der Normalzustand? Clara schmunzelte.

Vor allem konnte sie aber an den Leuten keinen eindeutigen Modetrend feststellen, von jedem etwas. So kam sie sich auch mit ihrem Kostüm total in vor.

In der letzten Saison hatte die Branche weltweit mit Problemen zu kämpfen, es herrschte eine Flaute. Sie stellte es sich aber auch schwer vor, immer wieder neue Ideen zu haben, zu jeder Jahreszeit Topmode. Die großen Modehäuser in Paris, London, New York, Tokyo machten mit ihren bombastischen, sündhaft teuren Modeschauen die Vorgaben, aber die Mode von der Stange für die Massenkundschaft brachte das Geld.

Ja, und einen Nachteil hatten die Modehäuser, sie besaßen keinen Karl Lagerfeld, bis auf eins. Den fanden alle toll und letzhin war er fast eine Stunde im Fernsehen mit einem Interview. Sie hatten selten so gelacht, er war wie immer sehr schlagfertig und redete fast nur alleine mit 500 Anschlägen pro Minute. Fragen, die ihn hätten in Verlegenheit bringen können, gab es nicht.

„Hallo, da bin ich.“ Helene schwebte herein und riss Clara aus ihren Gedanken und Beobachtungen. Die dunkelrote Kombination, sehr weit und großzügig, stand ihr gut. Der Rock wehte förmlich hinterher.

„Ich freue mich, dass es mal wieder geklappt hat, tut unserer Seele gut. Bist du schon lange da?“

„Noch nicht so lange, aber ich konnte schon die Leute beobachten, herrlich.“

Sie gingen herein, wie immer blieb kein Platz frei.

„Hoffentlich ist die Musik nicht wieder so laut wie beim letztenmal, lassen wir uns überraschen.“

Die Veranstalter hatten sich eindeutig von der letzten Chanel-Schau Karl Lagerfelds inspirieren lassen. Es war hier zwar nicht soviel Platz wie im Grand Palais, alles war ein wenig kleiner. Sonst üblich ein Laufsteg, hier eine rechteckiger Präsentierteller und die Gäste saßen drum herum. So konnte man die Models viel länger sehen, nicht einmal kurz hin und wieder zurück. Hier wurde sogar gelächelt. Donnerwetter oder Schreck lass nach wegen der Lachfalten?

Aber es gab auch genug der gelangweilten, blasierten Gesichter, so nach dem Motto, morgen müssen wir schon wieder in

Tokyo sein, aber im Grunde ist es ja überall dasselbe. Vorgestern in New York war es auch so.

Im Grunde blieb man hier aber auf dem Teppich, Gerry Weber, Escada, Diane von Fürstenberg, junge Berliner Modeschöpfer, es war eine gute Mischung. Sogar ein jahrelanger Nähkurs der Volkshochschule durfte seine Kreationen präsentieren. Riesiger Beifall, derart tolle Mode hatte man wohl überhaupt nicht erwartet. Immer wieder beeindruckend, die japanische Mode. Tolle Stoffe, wunderbare Farben fast wie in Indien und meist eine Verbindung von Tradition und Moderne.

Wie sie den Spagat zwischen moderner Industriegesellschaft und Tradition bewerkstelligten, ist immer wieder erstaunlich.

Vivienne Westwood hatte im letzten Jahr die knallrote Feuermelderfrisur und vorne rechts saß die absolute Kopie, sie war es natürlich nicht persönlich. Es gab so viel zu sehen auf dem Präsentierteller und daneben, Clara und Helene kamen wieder voll auf ihre Kosten. Musik war auch ok.

Nach der Show gab es nicht enden wollenden Applaus und Regie wie bei den Großen. Alle, die beigesteuert hatten, erschienen noch einmal und wie üblich, lächeln, lächeln, lächeln, auch wenn man sich total schlecht fühlte oder mein Hüfthalter mich umbringt.

Beim anschließenden Sektempfang, auf den freuten sich die beiden am meisten wegen der vielen interessanten Typen, wurden sie nicht enttäuscht. Einige kannte man schon, andere nur vom Sehen. Ein lustiger Herr stieß Helene aus Versehen, oder extra, an und schon war man in einem rauschenden Gespräch.

„Entschuldigung, ich habe Sie überhaupt nicht gesehen."

„Aber das macht doch nichts, es ist ja nichts passiert, wir haben nunmal hinten keine Augen, ha ha ha …" Sie war zwar nicht dick, aber doch gut beleibt und dachte immer, sie sei im Grunde doch nicht zu übersehen. So ganz war er nicht ihr Typ, trotzdem … lächeln.

Das Gespräch war etwas einseitig, er redete ohne Punkt und Komma, holte noch für alle mit Luft. Es stellte sich heraus, dass seine Begleiterin Japanerin war, aber die schien nur Dekoration zu sein. Wie üblich in diesem Lande hielt sie sich vornehm und geschickt völlig zurück und überließ ihm die „Bühne".

Es gab in seinem bisherigen Leben fast noch nichts, das er noch nicht gemacht habe, vom Tellerwäscher, Autoverkäufer bis zum Gärtner.

Er sei natürlich überall sehr erfolgreich gewesen, aber er liebe die Abwechselung. Ob das seine Begleiterin so gerne hörte?

Seit einigen Jahren schien nun aber die Modebranche das richtige Betätigungsfeld zu sein. Wenn er so kreativ war wie sein Mundwerk, hatten noch alle Großes zu erwarten. Selbstverständlich waren Lagerfeld, Westwood, Valentino und all die anderen nur Stümper. Man amüsierte sich köstlich und plötzlich war es schon weit nach Mitternacht, wie immer.

„Wie gut, dass ich wasserfestes Make-up habe, bei der Lacherei wäre mir sonst heute Abend alles verlaufen. Es war wieder so schön, Helene, nochmals tausend Dank."

Als Clara nach Hause kam, war es weit nach Mitternacht und ihr Mann schnarchte dermaßen laut, an schlafen war nicht zu denken. Kurzerhand „zog" sie ins Gästezimmer unter dem Dach um. Ganz verschlafen erschien noch der Hund, um sie zärtlich zu begrüßen, aber im Grunde wollte er nur das eine, Streicheleinheiten. Schließlich ging sie mit ihm noch kurz raus in der Hoffnung, am anderen Morgen etwas länger schlafen zu können.

Diese Abwechselungen gaben ihr soviel und schließlich schlief sie noch in Gedanken an den wunderschönen Abend versunken ein.

AUF DEM SCHROTTPLATZ

Kleider machen Leute

Heute hatte Clara endlich einmal wieder den ganzen Mittwoch für sich. Nach den vergangenen unruhigen Monaten, in denen es nie klappte, freute sie sich sehr darauf. Lissy, ihre beste Freundin, hat an diesem Tag ihr Kosmetikstudio immer geschlossen, beste Voraussetzung für einen Damentag.

Als sie sich trafen, fiel Clara gleich auf, wie aufgeräumt, ruhig und ausgeglichen Lissy heute war. Oft wirken bei ihr noch Probleme mit Kundinnen nach, aber heute drehte sich die Aufmerksamkeit um ihren Schlüsselbund.

„Gestern Nachmittag war ich auf einem riesigen Schrottplatz, um ein Ersatzteil für meinen alten Käfer zu finden. Nach langem Suchen haben wir es sogar gefunden. Sie hatten nur zwei Modelle da, der eine war zu alt, aber bei dem anderen hat es geklappt. Der Typ musste es mühevoll hinten aus dem Motor ausbauen. Ich habe natürlich geholfen, wo ich konnte, aber am Abend, als ich zu Hause in die Manteltasche griff, war der Schlüssel weg. Ich kann ihn nur da verloren haben. Zum Glück war meine Nachbarin da, die hat einen Ersatzschlüssel."

„Wir fahren jetzt zusammen schnell hin, vier Augen sehen mehr als zwei."

„Der Chef dort ist Kölner und ganz lustig."

Als sie ankamen, regnete es in Strömen und der Schrotthändler aus Köln empfing sie in seinem pompösen Büro wie in der Chefetage eines DAX-Konzerns. Es war zwar nur eine Bretterbude, aber bei der Innengestaltung wurden scheinbar alle Register gezogen. Der Boden war mit wunderbaren Kacheln ausgelegt, bestimmt etwas Italienisches und in der Ecke stand ein alter Kaminofen, der wirkte wie aus England. Außen ragte nur ein verrostetes Rohr in die Höhe, aus dem es rauchte. In die holzgetäfelten Wände hatte man kleine Schränke eingearbeitet, der Knabe hatte Geschmack. Er genoss die Bewunderung der Damen und meinte, immer wenn sich Kunden hier niederließen habe er Probleme, dass sie wieder aufstehen, kein Wunder, hier konnte man sich wohlfühlen.

Aus dem Nebenraum kam eine Dame herein, unverkennbar seine weibliche Hilfe. Mit ihren knallroten Haaren sah sie aus wie ein Feuermelder. Schon auf den ersten Blick strahlte sie eine große Liebenswürdigkeit und Güte aus. Ihr Blick zum „Chef" verdeutlichte, da ist mehr als nur Hilfe auf dem Schrottplatz.

In Ihrem Schlepptau tauchte nun auch ein riesiger Hund auf, eine Mischung von allem. Der Kopf sah ein wenig wie der eines Schäferhundes aus, aber ansonsten waren bestimmt Dogge, Dalmatiner, Labrador, Irish Setter, Golden Retriver und Berner Sennerhund drin. Komisch, er hatte bisher überhaupt noch nicht gebellt.

„Dat soll der ja auch nicht, sonst rennen die Leute ja jleisch wieder weg. Der merkt sofort, wenn wat nicht stimmt und dann ist Feierabend. Wir sind hier schon mehrmals überfallen worden, aber durch den Hund is nix passiert. Die hauen dann direkt wieder ab."

Dabei sah „Anton", so nannte er ihn, trotz seiner Größe ganz friedlich und nett aus. Das hat man ja oft bei den Promenadenmischungen.

„Außerdem habe ich hier auch ne Alarmanlage aufstellen lassen und überall, vor allem am Einjang stehen Schilder, dat wirkt. Dat ist die Anastasia, die ist hier die jute Seele, die macht alles und kann alles. Manchmal baut die auch Ersatzteile aus. Liebchen, mach uns doch nen juten Kaffee, aber kein Spülwasser, ich muss mich hier mit den beiden Kundinnen noch unterhalten."

Unglaublich, unsere beiden wollten sich nur ganz kurz aufhalten, aber die ganze Athmospäre und die Gemütlichkeit ließen sie verweilen.

Da hatte sich die ideale Gesprächsrunde versammelt. Herr Eisenbeiß und Anastasia genossen sichtlich die Gesellschaft. Anton lag schon wieder gemütlich vor dem Kaminofen, so als würde er die Gäste schon jahrelang kennen.

Der Schrottplatz wäre heute im Grunde nur noch sein Hobby. Er sei schon seit Jahrzehnten in dem Recyclinggeschäft, Metalle, Ersatzteile, Elektroschrott und vieles mehr. Nach dem Kriege habe ihm ein Riesengelände direkt am Rhein gehört. Die Schiffe konnten dort sogar anlegen und alles in großen Mengen abtransportieren. Damals boomte die Branche, es wurde viel gebaut und auch die Autos schnell wieder entsorgt.

Heute sei alles viel komplizierter geworden und man habe erkannt, dass man mit den Resourcen verantwortungsvoller umgehen müsse. Im Metallgeschäft gehe es manchmal zu wie an der Börse, Preise rauf, Preise runter. Vor allem aber würden wie überall die Großen den Takt bestimmen. Da können die Kleinen oft nicht mehr mithalten.

Er habe sich dann auch vor Jahren gefreut, dass sein großes Grundstück so begehrt war. Mehrere Interessenten trieben den Preis in die Höhe. Den Zuschlag bekam eine große Versicherung, die dort Büros, Geschäftszeilen und Privatwohnungen baute. Die Städte haben immer auch ein Wörtchen mitzureden, schließlich möchte man ja vor allem nach den Notwendigkeiten investiert sehen.

„Direkt daneben dat Riesengrundstück ist noch immer nit verkauft. Die Interessenten werden sich einfach mit der Stadt nicht einig, wat da entstehen soll. Dat is doppelt so jroß wie mein Jrundstück und in der Lage ein Filetstück."

Anastasia kam mit dem Kaffee herein, ein Genuss bei dem Regenwetter. Herr Eisenbeiß hatte in den alten Kaminofen Holz nachgefüllt, aber scheinbar war es feucht und qualmte.

„Dat is der Nachteil von dem alten englischen Ofen, der is nicht janz dicht. Aber so ein bischen Qualm is nich schlimm, jeräuschert hält sich länger."

Alle brüllten vor lachen, vor allem Anastasia.

Es war wirklich nicht so schlimm. Die Entlüftung erwies sich auch als wirkungsvoll.

„Im Grunde brauchen Sie doch sicher überhaupt nicht mehr zu arbeiten, durch den Grundstücksverkauf sind Sie doch ein reicher Mann."

„Dat kann ich nich, ich muss noch wat machen und et macht mir hier Spaß. So wie heute, sich auch mit den Leuten nett unterhalten. Aber so oft kommen auch nit zwei nette Damen zu mir. Liebchen, der Kaffee is lecker, jenau richtig."

Obwohl es so gemütlich war, drängte Lissy auf den Aufbruch, schließlich wollten sie ja heute noch einiges machen.

„Ich war gestern hier, um für meinen Käfer ein Ersatzteil zu besorgen und wir haben es auch gefunden. Leider bemerkte ich zu Hause, dass mein Schlüssel weg war. Ich kann ihn nur hier verloren haben."

„Dat kommt bei uns öfters vor, wenn die Leute sich bücken müssen und die Taschen sind nicht richtig zu, fällt der Schlüssel raus."

Natürlich wollte er bei dem Wetter nicht persönlich mitsuchen und das wäre auch bei seinem schon hochsommerlichen Outfit nicht ratsam gewesen. Vor allem schienen seine hellen Leinenschuhe für Matsch und Regen ungeeignet. Auch sein modischer Strohut und der hellblaue Anzug ließen ihn eher aussehen wie einen Paten und nicht, um sich unter ein Auto zu legen. Offenbar bevorzugte er die Tätigkeit in dem riesigen Büro.

Seine Hilfskraft, die gestern Lissy so gut geholfen hatte, sei heute aber leider nicht da. Angesichts der beiden netten und hübschen Damen wollte er aber glänzen.

„Sie müssen den jleischen Wesch nehmen, den sie jestern bestritten haben.",

Aha, bei der perfekten Ausdrucksweise konnte ja im Grunde nichts mehr schief gehen, man schmunzelte.

„Auf der Holztreppe draußen müssen Sie bei dem Rejen aufpassen, die ist jlatt. Wenn Sie da fallen, ist die schöne Treppe kaputt."

Hmm, so konnte man das natürlich auch sehen, dachte Clara bei sich und alle lachten schallend. Aber Lissy hatte ja schon angekündigt, der Typ sei aus Köln und ganz ulkig.

Die beiden hatten in weiser Voraussicht und angesichts des Wetters Stiefel mitgenommen, absolut notwendig bei der Matschlandschaft. Es waren ihre Gartenstiefel, aber Herr Eisenbeiß meinte, die seien aber chic. Ein toller Name für einen Schrotthändler. Im Badischen ist der Name sogar relativ häufig. Noch schnell den dünnen Regenanorak mit Kapuze überwerfen und schon ging es los.

„Sie sehen beide jetzt so richtig zünftisch aus, sie können öfters kommen." Das war doch ein tolles Kompliment.

Matsch, Regen, und den genauen Weg von gestern wusste Lissy auch nicht mehr. Also mußte man suchen.

„Das Lederetui ist knallrot und sicher gut zu erkennen", meinte Lissy.

Prompt riss sich Clara an einem vorstehenden Blechteil die schwarze Hose auf, zum Glück war es nur der Stoff und nicht das Bein. Eine ganze Weile suchten sie zwischen den Blechbergen den Käfer und schließlich entdeckten sie das Objekt der Begierde.

Zielstrebig steuerte Lissy in Richtung des Käferwracks und tatsächlich fanden sie dort nach kurzer Suche den „Schatz". Der Schlüssel lag auf einem Brett unter dem Motor. Dort hatte sich Lissy gestern mit dem Angestellten gebückt, um ihm zu zeigen was sie brauchte. Dabei war das gute Stück wohl aus der Tasche gefallen.

Schnell noch am „Office" von Monsieur vorbei, um das Ersatzteil zu bezahlen.

„Der Kolleje hat mir aufjeschrieben, Lager des Keilriemenspanners, mit oder ohne Rechnung?"

„Ich brauche keine Rechnung."

„Dann kostet dat für Sie 45 Euro, der Kolleje hat ja ganz schön lange gefummelt."

„Ja, er mußte alles abmontieren um dranzukommen und es war ziemlich verrostet".

„Dat ist für uns hier tägliches Brot. War nett mit Ihnen, kommen Se bald wieder."

„Ja, wir bedanken uns auch ganz herzlich für alles, an dem Käfer ist ja immer was und da bin ich bestimmt bald wieder da."

Ein ausgesprochen gelungener Auftakt des Tages war geschafft. Nach dem Schrecken und dem guten Ausgang meinte man, dies sei ein Grund erst einmal gut essen zu gehen. Da bot sich doch ihr Stammcafé an, wo es den ganzen Tag über alles gab.

SPATZENGULASCH IN PORTUGAL

Jeden Tag der Anruf der Eltern, „was gibt es neues, hast du auf deine Bewerbungen endlich eine Zusage bekommen?". So ging das nun schon seit Monaten. Er hatte nach seinem Militärdienst unzählige Anfragen, Bewerbungen und Lebensläufe verschickt. Oft bekam er überhaupt keine Antwort, keine Unterlagen zurück oder nur kurz die Absage.

Dann eines Tages kurz vor Ostern. Wie vom Blitz getroffen eine Zusage mit der Bitte um Vorstellung. Es war ein Volltreffer und im Rahmen der Ausbildung sollte es sogar bald sieben Monate nach Portugal gehen. Schlagartig veränderte sich die Stimmung und das Leben.

Er wollte natürlich mit dem Auto dorthin fahren und so machte er sich schnell auf die Suche, ein passendes Gefährt für sein schmales Konto zu finden.

Nach einigen erfolglosen Anläufen entdeckte er an einem Wochenende in den Anzeigen einen VW-Käfer 1500 in dunkelgrün. Es stand keine Preisvorstellung dabei, lediglich eine Telefonnummer.

Samstagmorgen versuchte er, den Teilnehmer zu erreichen, und es meldete sich auch gleich eine sehr angenehme Damenstimme mit englischem Dialekt. Er habe die Anzeige bezüglich des Autos gelesen, ob es noch zu haben sei. Ja, er sei noch zu haben, aber es hätten schon einige Interessenten angerufen. Wenn er wolle, könne er gleich heute Morgen vorbeikommen zur Besichtigung.

Eine Stunde später war Peter zur Stelle. Wie vereinbart klingelte er bei „Terry", der Name kam ihm irgendwie bekannt vor. Es war ein riesiges Mietshaus direkt am Regierungsviertel, zu Fuß höchstens fünf Minuten zu den Schaltstellen der Macht.

Ein sehr netter Herr öffnete , unverkennbar ein Engländer. Genau wie der Name an der Klingel, meinte er sofort den Herrn zu kennen, aber woher? Seine Frau, oder Lebensgefährtin, oder

Sekretärin, kam aus der Küche und meinte: „Hatte ich mit Ihnen telefoniert?“

Peter bejahte und sofort wurde ihm ein Drink angeboten. Da er zu Fuß war, willigte er zu einem schottischen Wiskey ein. Sie war eine eindrucksvolle Erscheinung, sehr groß, sehr chic und Peter dachte sofort an eine Inderin oder Pakistani.

Ihr Seidenkleid war eher ein langes Gewand bis auf die Füße in sehr ausdrucksvollen Farben. Dazu passend viel Schmuck und zu ihren schwarzen Haaren ein perfektes Make-up. Immer wenn sie in der Küche verschwand, rauschte sie förmlich und das Kleid wehte hinterher.

Wie ausdrucksstark doch diese Menschen sind. Beeindruckend auch der Silberschmuck, die dicken Armreifen, reichlich verziert mit Edelsteinen und zwei dünne Halsketten.

Im Fernsehen lief eine Sendung mit Werner Höfer vom internationalen Frühschoppen, damals jeden Sonntagmorgen vom WDR ausgestrahlt. Die Sendung war eine Institution und hatte immer sehr hohe Einschaltquoten.

„Wir sehen uns immer auf Video unsere Sendungen an, dann kann man noch einmal alles in Ruhe Revue passieren lassen. Außerdem gibt es auch immer noch etwas zu verbessern“ ‚meinte Mr. Terry. Daher kannte Peter ihn also, Anthony Terry war häufig bei Werner Höfer zu Gast und gern gesehen.

„Ich habe Sie schon oft Sonntagmorgen gesehen und bewundere, wie gut Sie Deutsch sprechen.“

In der Tat, sein Deutsch war exzellent. Seine Frau war unserer Sprache nicht so mächtig, aber ein starker Dialekt kann ja auch sehr charmant sein, siehe Chris Howland damals.

Sie würden wieder nach England zurückgehen, die Wohnung auflösen und daher den Wagen verkaufen. Es würde ihnen sehr schwerfallen, es hätte ihnen in Deutschland wirklich gut gefallen. Man bewundere die Aufbauleistung der Deutschen nach der totalen Zerstörung und vor allem auch das rasche Wirtschaftswunder. Peter meinte, es sei so etwas wie eine Paralelle zu Japan, dessen Wirtschaft auch auf Hochtouren lief. Aber letzendlich hätten die Alliierten Deutschland nach dem Krieg wieder auf die Beine geholfen.

Anthony Terry meinte, das sei nicht ganz uneigennützig geschehen im Hinblick auf die Bedrohung durch den Warschauer Pakt und die Einbindung Deutschlands in den Westen.

Peter war schon immer in den Diskussionen im Frühschoppen aufgefallen, wie selbstkritisch sich Terry äußerte, was Amerikaner und sein Land anging, und wie positiv er immer wieder Deutschland darstellte, bemerkenswert.

Der Käfer sei gerade noch einmal in der Inspektion gewesen und alles sei in Ordnung. Man begab sich zur Garage und da stand er wie neu.

Peter berichtete über seinen neuen Beruf und den im Rahmen der Ausbildung geplanten Auslandsaufenthalt in Portugal. Auch die Engländer sind in Portugal sehr stark vertreten, zahlreiche Portweinkellereien sind in britischer Hand und auch die Touristen von der Insel haben eine Schwäche für das Land. Auch die Terrys hatten wohl noch eine kleine Ferienwohnung an der Algarve.

„Wann ist es denn bei Ihnen soweit, wann geht es los?"

„Im September fahre ich runter und soll bis April bleiben."

„Bis in den Dezember ist das Wetter meist noch sehr schön und warm, dann haben Sie zwei Monate feuchtkaltes Wetter.

Vom Atlantik her kommen auch häufig Stürme, sehr ungemütlich. Nehmen Sie sich warme Sachen mit, in den meisten Wohnungen sind keine Heizungen, lediglich kleine Heizöfchen, mit Gas oder Öl betrieben. Meist stinken sie erbärmlich. Ab März explodiert förmlich der Frühling, eine wunderbare Zeit."

Portugal sei im Moment in einer Umbruchphase. Nach langer Diktatur war vor kurzem Salazar abgetreten, eine große Chance für das Land. Die großen Überseegebiete belasteten das kleine Land enorm, vor allem die afrikanischen, Angola und Mosambik. Seit Jahren wurden die Rebellen immer stärker und angesichts der Größe war der Kampf Portugals praktisch aussichtslos. Die Gegebenheiten erforderten eine rasche Lösung, ohne das Gesicht zu verlieren.

Die zügige Entlassung in die Unabhängigkeit und demokratische Wahlen erwiesen sich aber als brüchig. Jahrelang herrschte nun praktisch ein Bürgerkrieg, eine von vielen anderen Kolonien gekannte Erscheinung.

Man wurde handelseinig, die Terrys gingen im Preis noch einmal runter, obwohl der angesetzte Verhandlungspreis auch schon ein sehr gutes Angebot darstellte. Scheinbar war man sich sympatisch. Peter war glücklicher Besitzer eines VW-Käfer 1500 in dunklem „racinggreen".

Die Zeit der Vorbereitung verging wie im Fluge, aber die Sprache erwies sich als eine Herausforderung. Kein Vergleich zu Spanisch, in Brasilien als größtem Land und den Überseegebieten Portugals, sowie in Afrika in Mosambique und Angola wird Portugiesisch gesprochen. Die ehemalige Seeweltmacht lässt grüßen.

Anfang September beginnt das Abenteuer und Peter will sich drei Tage für die Fahrt Zeit lassen. Bei strahlender Sonne führt die Route über Metz, Troyes, Orleans, dann an der Loire entlang bis nach Tours. In La Rochelle ist der Campingplatz jetzt schon ziemlich schwach besucht, prima. Die Luft am Atlantik, man schläft wie ein Stein. Früh am Morgen schnell noch in der Boulangerie Baguette, Croissants, Käse und Kaffee zum mitnehmen und schon geht es weiter.

In den Kiefernwäldern Richtung Bordeaux muss ein Picnic in der Morgensonne sein, totale Urlaubsstimmung. Obwohl es überhaupt nicht windig ist, sind in Biarritz wieder die riesigen Wellen, ideal zum Surfen. Hier ist noch viel Tourismus und Peter kommt nur sehr schleppend voran. Da er keinerlei Quartier fest eingeplant und gebucht hat, kann er die Fahrt genießen und muss nicht hetzen. Hinter Valladolid ist es nun schon dunkel, aber wunderbar, direkt an der Straße wieder ein Hinweisschild „Camping“.

In Burgos ist ihm ein Betrunkener direkt vor das Auto getorkelt, zum Glück war er nicht schnell und die Bremsen verhinderten Schlimmeres.

Morgen will er bis zur portugiesischen Grenze die Autobahn nehmen, die 250 km bis Porto, seinem Zielort, sollen es in sich haben.

Wie erwartet sind die Landstraßen in Portugal extrem gefährlich. Pausenlos Kurven, oft hinter diesen Kurven urplötzlich Eselskarren, die überqueren oder auf einen zukommen und Schlaglöcher ohne Ende. Peter muss langsam fahren, es hat keinen Zweck. Zahlreiche Autowracks an den Straßenrändern zeugen von dem „Temperament“ der portugiesischen Autofahrer.

Viele Überholvorgänge sind wie Kamikazeunternehmen, Gegenverkehr, Kurven, wie in einem Entwicklungsland. Für den Rest der Strecke braucht er den ganzen Tag, spät am Abend kommt er an, geschafft!

Sein Quartier ist ein altes Haus direkt am Strand, etwas außerhalb gelegen, nicht weit vom Hafen. Senora Donna Beatrice empfängt ihn mit einem Redeschwall und Händen und Füßen. Sie kann aber auch etwas Französisch und Englisch, es klappt.

Direkt vor dem Haus vorbei fährt eine Uraltstraßenbahn und immer erzittert alles. Sein Zimmer ist zum Glück hinten heraus. Man kann nicht alles haben, Sicht auf das Meer und Ruhe, nein, entweder Sicht oder Ruhe.

Die Wirtin ist nicht mehr die Jüngste, höchstens 155 cm groß und mindestens 90 kg schwer. In der nächsten Zeit wird er noch erfahren, warum. Sie vermietet Zimmer, auch an Engländer, die hier in Porto eine Bankausbildung machen. Es gibt Frühstück und sie kocht auch am Mittag und am Abend, das kann ja heiter werden. Die Unterkunft zahlt die neue Firma von Peter, wie praktisch. Weit nach Mitternacht fällt er in sein Bett, riesengroß und scheinbar uralt aus Eiche, aber die Matratze ist neu.

Obwohl es so spät ist, fährt die Straßenbahn noch munter weiter. Schließlich schläft er ein und wird sich sicher daran gewöhnen. Es ist eine wunderbare Verbindung in die Innenstadt und die Portugiesen nehmen sie sehr gerne, wenn sie an den Strand wollen. Am Wochenende ist sie immer überfüllt und fährt daher auch pausenlos bis spät in die Nacht herein.

Am anderen Morgen, Hitze, Sonne wie bei uns im Hochsommer. Das Frühstück wird an einem riesigen langen Tisch eingenommen, wie in einem englischen Schloss. Die Größe erweist sich aber auch als notwendig. Alles, was man sich denken kann, ist aufgetischt, vor allem aber viel Fisch in jeder Form. Ob er Ovo Cosida oder Ovo Estrallado haben wolle, gekochtes Ei oder Spiegelei. Senora Donna Beatrice zeigt dabei auf den Teller eines Engländers, der beides hat, bester Sprachunterricht.

Es stellt sich heraus, dass auch andere Personen hier länger wohnen und so dürfte Kontakt kein Problem sein.

Die ersten Wochen sind gewöhnungsbedürftig, vor allem was das Abendessen angeht. Es ist ja in allen südlichen Ländern üblich wegen der Hitze erst spät zu essen. In diesem Jahr ist es bis in den Dezember herein besonders heiß und im Oktober hat er sogar am Strand einen Sonnenstich bekommen. Er hat einfach nur die Jahreszeit vor Augen, unterschätzt aber die noch vorhandene Kraft der Sonne und einschlafen ist immer tückisch.

Vor 21 Uhr wird nie angefangen zu essen. Es beginnt mit Fisch, dann Fleisch, dazu Patatas Fritas, die aber mehr in Olivenöl schwimmende Bratkartoffeln waren. Dazu auch Salate und Gemüse mit gleichem Rezept, immer Nachtisch und fast um Mitternacht gibt es dann noch einen Espresso. An einschlafen ist danach zunächst nicht zu denken, aber nach einiger Zeit hat er sich daran gewöhnt. Immer wieder zu bewundern, Senora Donna Beatrice, die fast alles alleine bewerkstelligt, ab und zu ist eine Studentin zur Hilfe anwesend.

In der Freizeit kommt keine Langeweile auf. Die Stadt wimmelt von Zeugen der glorreichen Vergangenheit Portugals, als die Seefahrer die Weltmeere mit beherrschten. Jeden Abend hätte man am Douro eine andere Portweinkellerei besuchen können und auch die Lokale dort genießt man am besten Abends mit dem unvergleichlichen Blick auf die Brücke und den alten Stadtteil. Die schwermütigen Lieder, die Fados, gehen oft unter die Haut, immer beeindruckend und dramatisch. Immerzu meint man, die Sängerin werde gleich in Tränen ausbrechen. Es ist eine Mischung von Sehnsucht, Weltschmerz und Melancholie. Der Ursprung liegt wahrscheinlich in Brasilien. Früher in den Hafenkneipen, als Portugal noch eine Seeweltmacht war, ging es sicher um die Seefahrer und wann sie wieder heimkehren, oder nicht.

Nach der Zeit der Diktatur wird das gesamte Leben lockerer und dazu gehört natürlich auch das Nachtleben am Hafen. An einem Abend erkundet man mit den Engländern die winzigen Seitengassen mit schummrigem Licht, eine Knisterathmosphäre und bestimmt eine Gegend für Kenner. Ein sehr schön restauriertes altes Haus fällt auf mit einer Spelunke parterre und dem vielversprechenden Namen „Cabral“ Fado. Cabral war einer der großen portugiesischen Seefahrer und Entdecker Brasiliens.

Sofort am Eingang „umsorgt“ eine enorm geschminkte Schönheit mit riesigem Busen und Ausschnitt bis auf den Bauchnabel die Ankömmlinge. Donnerwetter, das scheint ja hier was ganz Besonderes zu sein. Schon ihr Blick aus den dunklen Augen sorgt für Herzklopfen, sicher ist das die Fado-Sängerin, oder? Sie lassen sich überraschen.

Sobald sich ihre Augen an das sehr spärliche rote Licht gewöhnt haben sehen sie klarer.

Eine farbige ziemlich üppige junge Dame fragt nach Getränkewünschen und ob sie sich zu ihnen setzen solle. Sie trinke immer Champagner, aha …

An den vielen kleinen Sitzgruppen mit Tischchen im hinteren Teil des großen Raumes „umsorgt“ immer eine Dame die Gäste. Die „Kriegsbemalung“ lässt auch bei sehr harmlosen Menschen den Groschen fallen, sie sind in einem Puff gelandet. Bei Hafenstädten und auch in Diktaturen seit Jahrhunderten nichts Besonderes.

Ein Fadogenuss wird ihnen nicht geboten, aber auch so wird es keine Minute langweilig.

Im März möchte Donna Beatrice zu einem Familienfest nach Nordportugal fahren und sie fragt Peter, ob er nicht Lust habe, dies mitzuerleben. Es sind ungefähr 100 km, aber bei den portugiesischen Straßen braucht man bestimmt drei Stunden. Eine Engländerin will noch mitfahren und so startet man in aller Frühe. Trotzdem ist es auch jetzt schon wieder sehr heiß.

Donna Beatrice möchte gerne hinten sitzen, aber das scheint bei den vielen Kurven nicht so gut zu sein. Peter fährt zügig, um voranzukommen und plötzlich ohne Vorwarnung muss die alte Dame sich vom Rücksitz aus übergeben. Im hohen Bogen ergießt sich alles über Mrs. Smith nach vorne, ein Adrenalinstoß für alle sondergleichen. Vorne an der Biegung ist eine Ausweichmöglichkeit der Straße am Rande und da scheint auch schon ein Lastwagen zu parken.

Peter steigt schnell aus, um zu helfen, aber da sieht er einen wild gestikulierenden Mann an seinem Lastwagen, in der Mitte schlagen Flammen hervor. Er ist in Panik und weiß anscheinend nicht, was er machen soll. 100 m weiter ist zum Glück ein Bauernhof und Peter schreit nur „Aqua, Aqua, Aqua!“. Beide rennen zur Wasserstelle dort und finden auch Behälter.

Die Menge reicht aus, um die Flammen zu löschen. Das restliche Heu hatte sich auf dem heißen Motor und Auspuff entzündet, nicht ganz ungefährlich, denn ganz in der Nähe lag der Tank.

Der Fahrer des Lastwagens ist überglücklich und umarmt Peter überschwänglich. Donna Beatrice und Mrs. Smith sind derweil voll damit beschäftigt, die Spuren des Missgeschickes zu beseitigen, aber trotz reichlich Wasser, Papiertüchern und Tüchern bleibt ein „strenger“ Geruch für den Rest der Fahrt, immerhin noch etwas mehr als eine Stunde. Donna Beatrice schimpft derweil mehr leise als laut vor sich hin, dabei hat sie sich für den Besuch so sehr aufgemöbelt. Mrs. Smith meint, verstanden zu haben, dass sie sich selber darüber ärgert, zu viel zum Frühstück gegessen zu haben. Sie habe sonst nie Probleme in Autos, wenn sie hinten sitzen würde.

Die weitere Fahrt ist ganz lustig, denn alle müssen schließlich herzlich lachen und meinen, ob das nicht doch Glück bringen würde.

Am frühen Mittag trifft man ein, freudig begrüßt von der Familie und zahlreichen weiteren Gästen. Es ist ein sehr schönes Anwesen in den Bergen mit einem traumhaften Blick bis nach Spanien herein. Das Abendessen soll der Höhepunkt sein und so bleibt noch genug Zeit, um sich in den Zimmern auszuruhen.

Am Nachmittag gibt es noch einen Kaffee draußen und verführerischer Duft macht sich aus der Küche breit. Wie weit doch die Natur hier oben noch zurück ist. In Porto blüht schon alles, aber Donna Beatrice meint, hier sei es immer zwei bis drei Wochen später. Die Touristen kennen meist nur die Algarve von Portugal, aber der Norden ist ihnen kein Begriff. Im Winter kann man hier sogar Ski laufen und die gut betuchten Portugiesen gehen hier zur Jagd.

„Was mag es wohl am Abend zum Essen geben, es riecht dermaßen gut, ich bin schon richtig neugierig." Mrs. Smith hat wohl auch schon mit Donna Beatrice gesprochen, aber die hat nichts verraten. Es sollte wohl eine Überraschung sein. Die Aufregung der Fahrt hat sich längst gelegt und der Portwein fließt reichlich. Peter dachte früher immer, das sei ein Apperitif oder man würde ein kleines Gläschen hinter dem Essen trinken. Aber in Porto hat er schon kräftig büßen müssen.

Er gibt natürlich seinen Einstand und dazu gehört auch viel Portwein. Die anderen vertragen scheinbar mehr als Peter. Das Getränk ist relativ süß und schwer und mehrere Gläser schlagen durch. Immer war er mindestens zwei Tage krank und es ging ihm schlecht. Daher ist er jetzt hier vorsichtig und trinkt lediglich einen Rosewein. Mrs. Smith erweist sich immer als sehr trinkfest, sie ist scheinbar gestählt vom Whisky in England.

Gegen 19 Uhr, ziemlich früh, wird zum Essen gebeten. Es ist wieder ein ganz großer langer Tisch für etwa 25 Personen. Nach Vorspeisen und Fisch werden köstlich riechende Schüsseln mit Fleisch und Soße serviert, sie meinten, es sei eine Art Gulasch. Dazu gibt es Kartoffeln, Reis oder Nudeln, je nach Geschmack. In den Tomaten und Gurkensalaten ist reichlich Knoblauch. Mrs. Smith beginnt und später auch bei Peter und den anderen knirscht es beim Kauen kräftig. Man sieht sich an, aber für die anderen scheint das selbstverständlich zu sein. Scheinbar wird hier alles verwendet, auch reichlich Knorpel, denkt man. Es schmeckt wunderbar und man gewöhnt sich ja an alles.

Am nächsten Morgen beim Frühstück, Peter ist noch satt und kann kaum was essen, will Mrs. Smith nun doch wissen, was es da gestern Abend zu essen gab. Es stellt sich heraus, dass es Spatzengulasch war, wohl hier ein Traditionsgericht. Gut, dass man es am Abend nicht verkündet hat, denkt Peter bei sich, er hätte sicher keinen Bissen herunter bekommen. Vögel gehören in den südlichen Ländern zu den Delikatessen. Oft werden sie von den Federn befreit, in Öl und Kräuter eingelegt, in einer Folie kurz gegrillt und komplett verspeist. Es würde köstlich schmecken.

„Die Menschen sind ja damit aufgewachsen und kennen es nicht anders, manche Essgewohnheiten von uns sind ihnen auch fremd." Mrs. Smith hat viel Verständnis und meint noch, nun könne sie mitreden. Peter denkt sich seinen Teil und muss immer noch schlucken. Am besten hat ihm der Rosewein geschmeckt und er beschließt, sich in Zukunft daran zu halten und den Portwein zu meiden.

Die Rückfahrt verläuft ohne „Unterbrechungen" und die Straße an der Küste entlang ist auch besser und nicht so kurvenreich.

Donna Beatrice ist so aufgekratzt und glücklich, so oft kam sie ja nicht zur Familie im Norden.

Eine Woche später kündigt sich bei Peters Käfer Unheil an. An jeder Ampel bildet sich hinter seinem Auto eine Riesenrauchwolke und es riecht nach verbranntem Öl. Petro, sein deutschstämmiger Freund, versteht etwas von der Technik und hat ihm schon gesagt, da kündige sich ein Schaden im Motor an, bloß was, das kann keiner wissen.

In Portugal gibt es sehr viele deutschstämmige, die zum Teil schon vor einigen Generationen hierher ausgewandert sind. Im Laufe der Zeit hatPeter ganz viele kennengelernt. Sie haben untereinander ein sehr gutes Netzwerk, man hilft sich, und Handwerker für jede Sparte lassen sich so sehr gut finden. Viele haben es inzwischen ganz nach oben geschafft, sei es mit Portweinen oder im Tourismus.

Die Autowerkstatt, die ihm Petro empfohlen hat, liegt auf einem alten Fabrikgelände am Hafen. Man spricht hier Deutsch, sehr angenehm. Es stellt sich heraus, dass zwei Ventile, Valvulas, ziemlich verbrannt sind. Anscheinend hat Antony Terry das gute Stück bei seinen zahlreichen Fahrten nach England etwas überfordert. Er hat vor dem Kauf berichtet, dass dieser Käfer 1500 unheimlich gut läuft und durch seine lange Übersetzung vor allem die Berge herunter auf den Autobahnen immer schneller wird. Durch die Luftkühlung könne er auch nicht zu heiß werden, offenbar ein Trugschluss.

Die beiden Ventile werden erneuert und das ganze Auto noch einmal generell überprüft. Es sei sonst in einem sehr guten Zustand. Der Preis der Reparatur ist im Vergleich zu Deutschland sehr moderat.

Anfang April geht es zurück nach Deutschland. Peters Freundin kommt mit dem Flugzeug nach Porto und für die Rückfahrt nimmt man sich eine Woche Zeit.

In dem kleinen, preiswerten Hotel in Paris scheint es mit der Hygiene nicht so gut bestellt zu sein. Am Morgen nach einer netten Feier am Abend haben alle Teilnehmer eine Magen-Darm-Infektion. So verlängert sich unfreiwillig die Heimreise um drei Tage.

Der Verkehr in der Stadt an der Seine erweist sich wieder als Herausforderung. Man meint immer, jeder fährt, wie er will, aber es ist anders. Fahren und fahren lassen, niemand beharrt auf strengen Verkehrsregeln und man ist tolerant. Die Hand ersetzt auch öfters den Winker und wenn man sich als Tourist einfach die Angewohnheiten zu eigen macht, klappt es prima. Man sieht in all den Tagen keinen einzigen Unfall.

Mit der Ankunft in der Heimat gehen sieben Monate zu Ende, die als große Bereicherung empfunden werden.

IM CAFE
-Wie lernt man Leute kennen-

Lissi und Clara hatten seit dem frühen Morgen viele Kleinigkeiten und Probleme erfolgreich erledigt und meinten nun erschöpft, das sei ein Grund, sich selber zu belohnen. So landete man wie so oft in ihrem Lieblingscafé. Seit Jahrzehnten war es in Familienbesitz mit hoher Kuchenqualität und hohen Preisen, bei gutem und bei schlechtem Wetter trotzdem immer knallvoll. Die uralte Plüschathmosphäre mit mächtigen schweren Vorhängen und gemütlichen Sesseln schienen immer noch sehr beliebt zu sein. Albert, Claras Mann, hatte sich einmal dahingehend geäußert, ein wenig erinnere ihn hier alles an einen Puff.

Clara war damals entsetzt, woher wusste er, wie es in einem Puff aussieht?

Vor Jahren hatten die Kinder der Eigentümer versucht, es zu modernisieren, mit Bistrotischchen, relativ kleinen Stühlen und entsprechender Gesamteinrichtung. Die Kundschaft blieb auch prompt aus und nach knapp zwei Jahren kehrte man zum alten Stil zurück. Der Erfolg gab den Besitzern recht.

Auch das ungeübte Auge sieht sehr schnell, hier geht es nicht nur um Kaffee und Kuchen, sondern um mehr, aber was wohl? Obwohl in letzter Zeit immer mehr junge Menschen hierherfinden, rekrutiert sich das Hauptpublikum aus der Generation „60plus“. Könnte es hier tatsächlich auch möglich sein, jemanden kennenzulernen?

Die Damen sind meist so nett zurechtgemacht, mit Hüten und Klunkern. Es ist nicht zu übersehen, wem der Kuchen besonders gut schmeckt. Aber natürlich liegt das an den Drüsen und überhaupt isst man ja so wenig.

Ich kann essen und trinken, was ich will, ich nehme nichts ab.

Gleich am Tisch nebenan sitzt eine Dame, geschätzt um die siebzig. Sie ist so perfekt gestylt, man sieht, der Cafébesuch macht ihr Spaß. Das Kostüm klassisch konservativ, Schuhe und

Handtasche farblich abgestimmt und sehr schöner Perlenschmuck. Die Halskette mit vielen Reihen bedeckt den ganzen Hals und macht es unmöglich, Falten zu erkennen.

Lippenstift und Augen-Make-Up sind hingegen sehr dezent.

Vor einiger Zeit hat sich ein Herr zu ihr gesetzt und es scheint, gleiche Blutgruppe. Man scherzt und lächelt und die Wangen der Dame sind merklich farbiger geworden. Selbstverständlich liegt das an dem Kaffee und ihrem zu hohen Blutdruck, ach so …

Direkt am Eingang hat Lissi eine Kundin entdeckt, tut aber so, als würde sie sie nicht sehen. Sie ist nicht in Begleitung ihres Mannes hier, der muss sicher arbeiten, sondern in Begleitung eines merklich jüngeren Herrn. Er ist sehr um ihr Wohl bemüht, auffällig, man scherzt und unterhält sich rauschend, aber sicher ist es nur der nette Nachbar, den man hier zufällig getroffen hat.

Schön, dass sich heutzutage die Frauen die gleichen Freiheiten nehmen wie früher nur Männer.

Ein älteres Paar an der Kuchentheke ist sicher verheiratet und genießt den Nachmittag. Die beiden machen einen rundherum zufriedenen Eindruck, aber schon, als sie hereinkamen fiel auf, wer hier der „Chef“ ist. Der schmächtige Herr ist mindestens einen Kopf kleiner als seine Frau und wirkt sehr zurückhaltend, während sie mit ihrem riesigen Busen unübersehbar den Ton angibt. Seine Vorschläge, wo man sich niederlassen könne, werden allesamt ignoriert, aber zum Glück findet sie einen Platz, der ihr gefällt. Sie braucht nur leicht den Kopf zu drehen und schon hat sie die vielen Kuchensorten an der Theke im Blick, unschätzbar.

Nun sitzen sie schon eine ganze Weile dort, haben aber noch nicht ein Wort miteinander gesprochen. Sie lassen sich Kaffee und Kuchen schmecken und beobachten umso interessierter die Leute um sie herum. Ihm ist soeben ein Missgeschick passiert, der Bissen von der Gabel ist mit reichlich Sahne auf seiner Hose gelandet, mangelnde Konzentration auf das Wesentliche und die

Ablenkung waren wohl zu groß. Es ist ihm sehr unangenehm, aber zum Glück hat seine „Chefin“ noch nichts gemerkt. Man muss ihn bewundern, er weiß sich zu helfen.

Kurzerhand nimmt er das geblümte Tuch aus der Brusttasche seines Jackets heraus und lenkt die Aufmerksamkeit seiner Frau auf die anderen Kuchensorten in der Theke, angelt die Bruchstücke samt Sahne von seiner Hose auf und steckt alles kurzerhand in die Tasche, in der Hoffnung, dass niemand etwas gesehen hat.

Wer nun denkt, nach dem ersten Stück Kuchen und der Aufregung sei man gesättigt, sieht sich getäuscht.

Die Frau übernimmt das Kommando und bestellt bei der Bedienung den „zweiten Gang“, ohne ihre Begleitung zu fragen. „Bitte zweimal, mein Mann nimmt das gleiche wie ich.“ An seiner Reaktion, einem Nicken, ist unmissverständlich zu erkennen, das läuft immer so. Lissi und Clara sehen sich an und können nur sehr schwer ernst bleiben.

Seit kurzem haben auch die beiden Gesellschaft an ihrem Tisch. Der Herr sieht aus wie ein alter englischer Lord, mit Schottenweste, und er raucht Pfeife. Irgendwo, meint er, habe man sich schon einmal gesehen, aber wo das wohl gewesen sei … Na ja, zumindest ist man schon einmal im Gespräch, das Weitere wird sich zeigen. Unsere beiden verstehen sich durch Blicke, die Masche ist nicht so umwerfend, anscheinend ist die Verpackung vielversprechender als der Inhalt, mal sehen …

Lass ihn erst einmal reden, vorläufig reicht es, freundlich zu lächeln. Zum Glück stellt sich aber bald heraus, er will wirklich nur seinen Kaffee trinken und verabschiedet sich schnell wieder, wie man sich täuschen kann.

An einem Tisch in der Ecke sitzt eine junge Dame, die nicht so glücklich aussieht. Sie schaut auch immerzu auf die Uhr, eventuell ist ihre Verabredung geplatzt. Dabei hat sie so nette andere Begleitung. Ihren jungen Westhighländer-Terrier hat sie an einem anderen Stuhl festgebunden, aber es fällt ihm sichtlich schwer, sein Temperament zu zügeln. Immerzu spitzt er seine

Ohren, er scheint wirklich alles zu sehen, keine Fliege entgeht ihm. Jedesmal wenn jemand vorbeigeht, wird er stürmisch begrüßt. Vor allem die Bedienung kann sich seiner Sympathie kaum erwehren, aber es scheint sie nicht zu stören. Im Gegenteil, es ist wohl beiderseitige Liebe auf den ersten Blick.

Gerade hat sie ein volles Tablett auf dem Stuhl abgestellt, um am Nebentisch zu kassieren, aber das hätte sie besser nicht getan. In diesem Moment betritt ein Herr in Begleitung eines Rauhaardackels das Café. Noch ehe die junge Dame eingreifen kann, rast der junge Kerl auf die Neuankömmlinge zu, mit Stuhl und vollem Tablett. Als laut klirrend alles auf den Boden fällt, erschrickt unser weißes Knäuel und wird noch schneller. Tassen, Teller, restlicher Kuchen und Kaffee, Besteck und Aschenbecher, die nun leer sind, alles ist im Café gut verteilt, aber das tut der stürmischen Begrüßung unseres Temperaments keinen Abbruch.

Die beiden Neuankömmlinge hingegen sind etwas überascht und der Herr wirkt ein wenig verlegen. So eine Aufmerksamkeit hat er sicher hier noch nie genossen. Clara hatte schon immer zu Lissi gesagt, sie müsse sich nur einen Hund anschaffen und schon würde man schnell jede Menge Leute kennenlernen.

So eine Superstimmung haben die beiden hier noch nicht erlebt, das könnte ruhig öfter so sein. Lange nicht mehr so gelacht. Die junge Dame hingegen erweist sich als äußerst helle und reagiert schnell. Sie entschuldigt sich bei dem Herrn und bittet ihn an ihren Tisch, um ihn zum Kaffee einzuladen. Solche „Unannehmlichkeiten" müssten doch wieder gut gemacht werden. Freudig stimmt er zu, er ist sicher doppelt so alt wie sie. Aber das spielt ja heute überhaupt keine Rolle mehr.

DIE ALTE MÜHLE IM TAL

Freitagabend, nach vielen Monaten trafen sich mal wieder die Naturfreunde in der alten Mühle. Der Frühling kündigte sich an und nach dem strengen und langen Winter gab es viel Interessantes zu berichten. Man hatte sich wieder für den schönen Saal entschieden.

Traumhaft schmiegt sich das alte Gemäuer am Ende des Tales hinter dem Dorf an eine Steilwand. Vor wenigen Jahren war sie noch eine verfallene Ruine gewesen und niemand fand sich zur Renovierung und Nutzung. Die Investitionen schienen einfach zu hoch zu sein und erschwerend kam hinzu, dass das ganze Anwesen unter strengem Denkmalschutz stand. Jeder weiß, es gibt zwar Zuschüsse, aber die Auflagen sind oft so umfassend, es bleibt kein Spielraum für persönliche Entfaltung und Ideen.

Schließlich fanden sich aber doch Interessenten und ein sehr dynamisches Ehepaar aus Bayern erweckte nach fast zweijähriger Restaurierung das Paradies wieder zum Leben. Oft sind Restaurierungen viel komplizierter als Neubauten und die Überraschungen können die Nerven und den Geldbeutel sehr strapazieren. Darauf hatten auch zahlreiche Handwerker hingewiesen, die fachmännisch alles in Augenschein nahmen und anschließend einen Kostenvoranschlag erstellten. Was man von außen nicht sehen kann, in den Balken schlummern oft Holzkäfer und im Gemäuer Feuchtigkeit und Pilze.

Die Schwierigkeiten waren beträchtlich, auch von Seiten der Behörden. Anstatt die Wiederbelebung unbürokratisch und schnell zu fördern, wurden den Bayern immer neue Knüppel zwischen die Beine geworfen. Am Anfang von allen eher misstrauisch betrachtet, eroberten sie durch ihre Offenheit, Hartnäckigkeit und Kompetenz schnell die Herzen der Dorfbewohner. Sie hatten in Bayern schon einmal einen riesigen alten Bauernhof vor dem Verfall gerettet und wunderbar restauriert, Erfahrung ist ja unbezahlbar.

Wie auf dem Land üblich erleichtern Beziehungen vieles, jeder kennt jeden und so lassen sich Probleme schnell überwinden. Die Investitionen erwiesen sich als Volltreffer. Alle waren froh, dass solch ein Kulturerbe gerettet wurde und nicht weiter verfiel.

Es sprach sich schnell herum, zumal die Qualität der Küche auch verwöhnte Gaumenfreunde überzeugte. Das Preis-Leistungsverhältnis musste ohnehin stimmen, hier auf dem Land kann und will niemand Mondpreise zahlen. Geschickt wurden kurz nach der Eröffnung zunächst die Amtsträger von nah und fern eingeladen, nicht ohne zahlreiche Presse. Eine gute Presse wirkt Wunder und sorgt für unglaubliche Werbung, wenn es gefällt. Wenn dann auch noch ein Artikel in einer überregionalen Zeitung erscheint mit großer Auflage und Verbreitung, etwas besseres kann man sich nicht vorstellen. Die Damen und Herren Amtsträger sind ja auch überhaupt nicht eitel und wenn Berichte und Bilder in den Zeitungen erscheinen, kann es bestimmt nicht schaden. Ganz wichtig, natürlich war alles kostenlos.

Es war ein traumhafter Abend, die Sonne versank, das Rauschen des Baches und vielstimmiges Vogelgezwitscher erfüllten das Tal. Die Luftfeuchtigkeit ist zu dieser Jahreszeit noch hoch und so lag alles in einem geheimnisvollen Dunstschleier. Leichter Rauch stieg aus dem Schornstein empor, selbstverständlich hatte man den Kamin angemacht. Eine perfekte Stimmungslage für einen englischen Krimi. Der Saal war wieder voll und vorne hatte man eine Leinwand aufgebaut, um Filme und Fotos von Neuigkeiten zu zeigen.

Es war schon Tradition, dass Lissy zu spät erschien. Aber das ist die beste Methode, um aufzufallen, und ohnehin meinte Leni immer, sie komme hauptsächlich nur, um Leute kennenzulernen, vor allem natürlich Männer. So ein knackiger Naturbursche, das wäre doch was. Man hatte sich schon öfters köstlich über Lissy amüsiert, wenn kleine Wanderungen oder Ortsbesichtigungen veranstaltet wurden, um Tiere zu beobachten, die selten waren. Sinnvoll ist es in diesem Falle ja, sich praktisch anzuziehen, vor allem, was das Schuhwerk angeht. Sie wurde einfach nicht klug, immer wieder trug sie die hohen Stöckelschuhe. Andererseits benötigte sie dann bei schwierigem Gelände Unterstützung, um nicht zu stolpern oder umzuknicken, die Männer waren sofort zur Stelle, wie praktisch.

Meist trug sie etwas mit tiefem Ausschnitt und die Herren starrten immerzu auf ihren Busen, das konnte sie angeblich überhaupt nicht verstehen.

„Clara, habe ich auf der Bluse irgendwo einen Flecken, die Männer schauen immer so, ich verstehe das nicht.“ Die gut gespielte Naivität kam prima an, dabei war sie nicht ohne.

Der ehemalige Dorfschullehrer übernahm die Begrüßung und die Moderation. Inzwischen war er schon 83 Jahre alt und man sah ihn immer nur mit einem Fernglas durch den Ort gehen, begleitet von seiner Münsterländerhündin Anka. Das hielt offenbar fit, er wurde immer viel jünger geschätzt.

Zahlreiche Vogelarten waren aus ihren Winterquartieren im Süden zurückgekehrt und bereiteten jetzt das Brutgeschäft mit dem Nestbau vor. An bestimmten Stellen mit Hecken und Dickicht wurde von nun an gebeten, die Hunde an der Leine zu führen, um Störungen von brütenden Fasanen und Feldhühnern zu vermeiden. Ganz in der Nähe lagen einige kleine Seen und der immer seltenere Kiebitz hatte sich mit sechs Brutpaaren dort niedergelassen. Eine Bimsfirma verzichtete bis zum Herbst sogar auf die weiteren Arbeiten, um nicht zu stören.

Der Firmenboss war auch sehr im Naturschutz engagiert und daher die Unterstützung. Auch hier bat man, die Hunde anzuleinen. In dem kleinen Kiefernwald hatte sich wieder die Waldohreule niedergelassen, eine perfekte Tarnung. Im letzten Jahr waren vier junge Eulen flügge geworden, aber niemand hatte sie entdeckt. Bei einem Spaziergang stürzten sich plötzlich die beiden Altvögel auf die Eindringlinge. Zunächst war es unmöglich, irgendetwas zu entdecken, aber mit dem Fernglas gelang es schließlich, die Rasselbande zu sehen. Sie saßen auf den Kiefern ganz nah am Stamm oder einem dicken Ast und waren wirklich fast nicht zu erkennen, perfekt.

Die eigentliche Sensation aber war, in der Steilwand des Tales zur Mühle hatte man das Nest eines Uhus entdeckt. Schon den ganzen Winter über hörte man seinen Ruf mit tiefer Stimme in den Wipfeln der Bäume und mit dem Fernglas konnte man ihn auch gut entdecken, weil sie kein Laub trugen. Anscheinend war es ihm gelungen, eine Partnerin zu finden und von seinem Standort zu überzeugen. Hier galt es auch in den folgenden Wochen und Monaten vorsichtig zu sein und Störungen zu vermeiden. Sobald auch sie Junge im Nest haben, werden sie aggressiv. Ahnungslose Spaziergänger werden im Sturzflug attackiert und der scharfe Schnabel, vor allem aber die tödlichen Krallen, sind wirksame und schmerzhafte Waffen bei ungeschütztem Kopf.

Clara sah auf die Uhr und wunderte sich, schon zwei Stunden vorbei. Durch die vielen interessanten Neuigkeiten, fesselnd vom Herrn Lehrer vorgetragen, verging die Zeit wie im Fluge. Es war richtig spannend. Kurze Zeit später war der Vortrag beendet und manche verabschiedeten sich. Die meisten blieben aber und man ging zum gemütlichen Teil über. Albert war amüsiert, wie angeregt sich heute Abend Lissy und Leni unterhielten. Beide hatten schon ordentlich getankt und redeten durcheinander.

„So kenne ich Leni ja garnicht, die hat es sonst doch nicht so mit Lissy, oder hat sich da was geändert, Clara?“

„Nein, die beiden sind gut in Stimmung und Leni will möglichst viele Neuigkeiten erfahren. Du weißt doch, bei Lissy ist sie da richtig. Fragt sich nur, wer mehr weiß. Aber wenn die mir beim nächsten Mal die Haare macht, erfahre ich alles.“

„Ich glaube, die können wir nicht mehr nach Hause fahren lassen, hast du was dagegen, wenn wir ihr heute Nacht das Gästezimmer anbieten?“

„Nein, die macht doch ohnehin Samstagmorgen ihren Kosmetikladen auf und da muss sie früh wieder weg.“

„Kennst du eigentlich den Typen der neben ihr sitzt, ich meine, der pirscht sich schon richtig ran“.

„Keine Ahnung, aber das werden wir in den nächsten Wochen ja sehen, ob es gefunkt hat.“

Kurz vor Mitternacht war allgemeiner Aufbruch und Lissy freute sich über das Angebot. Die Polizei hatte sie schon einmal mit zuviel Alkohol erwischt und seitdem war sie vorsichtig. Freudig begrüßte der Hund die Heimkehrer, aber ihre sonst so lebhafte Art war plötzlich wie verflogen. Sie schluchzte leise und als Clara und Albert liebevoll insistierten, brach es wie ein Vulkan aus ihr heraus. Seit Jahren nahm sie morgens Tabletten zum Aufmuntern und am Abend eine Portion zum Beruhigen und Schlafen. Man weiß ja, in Verbindung mit Alkohol ist das nicht ungefährlich.

Seit ihrer Kindheit war sie so erzogen worden, im Leben Stärke zu zeigen, auch Gefühle waren Luxus. Mutter und Vater konnten einfach keine Wärme verbreiten. Ihr hatte es an nichts gefehlt, Wohlstand, gute Schule und Ausbildung, alles war oberflächlich bestens. Aber es war immer ihr Wunsch gewesen, einen netten Mann kennenzulernen, Familie und Kinder zu haben. Leider war dieser ganz banale Wunsch ihr bisher nicht vergönnt gewesen. Nach einiger Zeit beendeten immer die Männer die Beziehung, warum nur? Im Laufe der Jahre begriff sie, immer Stärke zu zeigen, war wohl fehl am Platze. Sie hätte sich besser schwach und hilfsbedürftig zeigen sollen, auch öfters mal fallen lassen.

Ihr Leben lang hatte sie bisher täglich „auf der Bühne“ gestanden, welch ein Stress. Ihr unruhiges Leben, was die Männer angeht war im Grunde ein Hilfeschrei, noch immer nicht im Hafen angekommen zu sein. Inzwischen nun schon fast 50 Jahre alt tickte die biologische Uhr unaufhaltsam und hatte, ohne dass sie es merkte und wollte, Panik ausgelöst.

Ein großer Bekanntenkreis ist doch auf Dauer kein Ersatz für eine gute Familie.

Obwohl alle todmüde waren, gelang es in langen Gesprächen, sie zu beruhigen, und als sie eingeschlafen war, gingen auch Clara und Albert zu Bett. Lange konnten sie nicht einschlafen und alles schwirrte im Kopf herum. Es war wohl wie in einem Dampfkessel, in dem sich Druck aufbaut der schließlich abgebaut werden muss oder explodiert.

Am anderen Morgen beim kurzen Frühstück bemühten sich alle, möglichst natürlich und ungezwungen zu wirken. Keiner sprach von gestern Abend, aber allen war klar, so konnte es nicht weitergehen.

Lissy musste Hilfe in Anspruch nehmen und auch dazu bereit sein. In der Kreisstadt gab es eine Therapiegruppe, wo solche Probleme in der Runde offen angesprochen wurden. Clara nahm sich vor, bei nächster Gelegenheit mit Einfühlungsvermögen Einfluss zu nehmen. Relativ unbefangen verabschiedete man sich.

Den ganzen Vormittag kreisten die Gedanken um dieses völlig überraschende menschliche Problem. Schon viele Jahre schienen sie miteinander so vertraut, und nun dies. Clara kam sich fast wie eine Versagerin vor, sie hätte es doch merken müssen. Immer war sie überzeugt, neben Helene kannte sie Lissy am besten und keine könne der anderen etwas vormachen.

Oder sind Frauen doch die besseren Schauspielerinnen? Bisher war sie immer der Überzeugung, die Frauen mit ihren Gefühlsausbrüchen sehr schnell einschätzen zu können.

Die Männer hingegen fressen Probleme in sich herein weil sie denken sich lächerlich zu machen, und ach, es ist ja so unmännlich. Aber wie man sich täuschen kann.

EIN TAG IN PARIS
-bei Christine -

Christine wuchs in der Straßburger Banlieue auf, wo es nicht so chic zugeht. Schon früh war sie sehr ehrgeizig und wollte aus ihrem Leben etwas machen. In London studierte sie Mode, an der Kunsthochschule Central Saint Martins. Es war eine harte Zeit und sie musste in der wenigen Freizeit arbeiten, um das Studium und den Lebensunterhalt selber zu verdienen. Ihre Eltern waren arm und es war schon ein Wunder, dass sie es bis hierher geschafft hatte.

Das Glück kam ihr zu Hilfe und durch Mister Nightingale bekam sie anschließend bei Karl Lagerfeld in Paris einen kleinen Job. In den mehr als zehn Jahren hat sie sich langsam hochgearbeitet und nun steht sie kurz davor ein eigenes Modelabel zu bekommen.

Jeden Morgen geht sie ganz früh joggen, so auch heute, aber wir haben ja noch viel vor. Bei einem Besuch nur für ein Wochenende muss man jede Minute ausnutzen. Der Parc des Buttes-Chaumont liegt direkt vor ihrer Haustür im 19. Arondissement und Christine findet, er ist einer der schönsten in Paris. Um diese Uhrzeit kann sie ganz ungestört ihre Runden drehen und den Blick über die Dächer der Stadt genießen. Aber auch am Abend trifft sie sich sehr gerne mit Freunden hier im Pavillon Puebla oder Rosa Bonheur auf ein Glas Wein.

An dem Place des Fetes, nicht weit vom Buttes-Chaumont entfernt, sind Frauen gut aufgehoben und können alles einkaufen. Die Gegend weiter westlich hat keinen guten Ruf, sie ist von Cites umgeben, den Problemsiedlungen. Christine mag aber die Mischung, wie sie meint, während wir an den Marktständen vorbeischlendern. An Einkaufszentrum Les Halles laufen fünf Metro-Linien und drei Vorortzüge zusammen. Die nagelneue Canopée, ein lichtdurchlässiges Dach und ein neuer Park, geben der Gegend nun ein freundlicheres Aussehen. Früher nannte man es einfach das Loch.

Wir lieben beide gutes Brot und so zeigt sie mir ihre Lieblingsbäckerei „Du Pain de Des Idées“. Sie liegt an der Rue Yves-Toudic am Canal Saint-Martin, ungefähr eine halbe Stunde zu Fuß entfernt. Das köstliche „pain des amis“ ist schon den Fußweg wert und zeigt, dass die Franzosen nicht nur Baguette backen können. Das große Bauernbrot wird 30 Stunden gelagert, bevor es in den Ofen kommt, und hält sich mindestens eine Woche.

Am Viertel Belleville vorbei, immer der Rue du Faubourg-du-Temple folgend mit den unzähligen chinesischen Boutiquen, Mode zu Discountpreisen, steigt uns bald herrlicher Duft von frischem Brot in die Nase. Wenn man es nicht weiß, hilft der Duft bei der Suche. Die Auslagen sind ein einziges Schlaraffenland, Zitronen-Schnecken mit Nougat aus Montelimar, überbackene Brötchen mit Speck und Reblochon-Käse, das pain des amis in verschieden großen Stücken.

Mit zwei Himbeer-Frischkäse-Schnecken verlassen wir glücklich das Geschäft.

Nun geht es weiter zu den Grands Boulevards, wir haben noch ein Riesenprogramm. Als Buchhändlerin müssen wir natürlich in die Librairie du Passage Jouffroy, ein Antiquariat. Für 20 Euro bekommt man die tollsten Kunstbände, aber leider sind sie alle so schwer.

Im 10e Arrondissement will sie mir die Passage du Prado zeigen, direkt an der Metro-Station Straßbourg Saint-Denis. Hier hat sie bei der Präsentation einer Modeschau mitgearbeitet.

Es gibt jede Menge afrikanischer Friseure, alles ist auch sonst multikulti und es liegt der Duft von Marihuana in der Luft. Sonja Rykiel wollte einmal weg vom Glamour der Modeschauen und entschied sich deshalb für dieses eigenwillige Viertel. Inzwischen ist es total in mit Restaurants wie Chez Jeannette oder

„52“. Ganz wichtig, es gilt noch immer als populaire, wie man auf französisch so gerne sagt, und nicht als bourgeois.

Wie die Zeit vergeht, nach einem Abstecher im Marais, große Shoppinggegend, meldet mein knurrender Magen, dass es schon nach 14 Uhr ist. Christine hat damit überhaupt keine Probleme, sie kann wie alle Franzosen den ganzen Tag ohne Essen auskommen, dafür nimmt man sich dann am Abend 4 Stunden Zeit, wenn es sein soll.

Ohne Gnade geht es weiter zur Galerie Perrotin, einem Ort für zeitgenössische Kunst, wo zur Zeit Takashi Murakami noch bis Ende des Jahres ausstellt. In seinem Buch „Japanische Jahre“ hat auch Hans-Georg Trapp Murakami erwähnt.

Zum Glück gibt es hier auch ein kleines Bistro, wo man die Möglichkeit hat, Kleinigkeiten zu sich zu nehmen. Ich hätte es nicht ohne Stärkung weiter geschafft. Ein Glas Rose und Pate de Campagne mit Baguette wirken Wunder.

Wir verlassen das Marais und so langsam geht es zurück nach Belleville. Wir überqueren den Boulevard de la Villette, vorbei am Café „Cheri“ zur Rue Rébeval. Dort liegt die Epicerie „Mon Oncle Le Vigneron“. Hier ist Christine sehr oft, sehr familiär.

Es gibt wohl keinen Ort auf der Welt, wo keine Japaner oder Chinesen sind, so auch hier. Fast alle Stühle sind besetzt und anscheinend fühlen sich alle sehr wohl. Der französische Reiseführer ist immer bestrebt, seinen ausländischen Gästen und Touristen nicht nur die Champs Elisee und die überall weltberühmten Sehenswürdigkeiten zu zeigen, sondern vor allem ganz typische „Nebenschauplätze“. Welches Viertel würde sich nicht besser dafür eignen als das 19e.

Die asiatische Reisegruppe kommt in jedem Jahr zweimal nach Paris und Alain, der Reiseführer, wird immer von dem Veranstalter gebucht. Er spricht ein wenig chinesisch und sein Programm ist immer besonders anschaulich und abwechselungsreich. Natürlich ist er mit der asiatischen Mentalität sehr gut vertraut. Oft spulen die Reisegruppen aus Fernost in einer Woche ganz Europa ab, aber für Paris nimmt man sich immer zwei Tage Zeit.

Alain hatte in seiner jugendlichen Zeit während seines Studiums einige Jahre eine Chinesin als Lebensgefährtin mit weniger guten Erfahrungen. Sie war sehr ergeizig und berechnend und hatte sich schon ganz früh nach Frankreich aufgemacht, um die Sprache zu erlernen und selbstverständlich um sich eine gute Partie als Mann zu angeln. Das oft harte Leben in China stählt die Menschen und dementsprechend haben sie dann Durchsetzungsvermögen.

Als es nicht mehr so lief, wie sie sich das vorstellte, machte sie Schluss. Jahre später erfuhr Alain, dass sie sich mit einem Universitätsprofessor, viel älter, verheiratet hatte, eine gute Partie. Konzentration auf das Wesentliche. Tagelang ging ihm dies sehr nahe, ein Zeichen, dass er sie noch immer nicht so ganz vergessen hatte. Alain kommen aber jetzt diese Erfahrungen im Umgang mit den Touristen aus dem fernen Osten zugute.

Nach 18 Uhr brechen wir wieder auf, zwei Straßen weiter zur Wohnung von Christine, Buttes-Chaumont.

Die frisch renovierte Duplexwohnung ist urgemütlich und zu Apperitif, Wein und Pate, bien sur, hat sie noch einige Freunde eingeladen. Der Blick von ihrem Balkon ist umwerfend auf Sacré-Coeur. Ich bin durch die ungewöhnlichen Aktivitäten den ganzen Tag über ganz schön müde, aber später wollen wir dann noch in ein bekanntes Restaurant zum Abendessen. Wohin es geht, verrät niemand, ich bin sehr gespannt.

Die Müdigkeit ist dann auch später wie verflogen, die vielen neuen Eindrücke beleben. Erst am anderen Tag spürt man die vielen Kilometer die man zu Fuß zurückgelegt hat, und auf der Heimreise ziehen bei angenehmer Entspanntheit die Highlights wie Blei vorbei.

Es wird nicht lange dauern und ich besuche Christine wieder.

GARTENIDYLLE ZU OSTERN

Wie schnell die Zeit vergeht, nun wohnen wir schon wieder drei Jahre hier. Das Haus liegt mitten in der Stadt und doch hat man manchmal den Eindruck, im Wald zu sein. Der Garten hinter dem Haus ist eine Wildnis mit vielen alten Bäumen. Ganz rechts am Grundstücksrand steht ein riesiger alter Walnussbaum und seine Äste breiten sich aus wie Krakenarme, um im Sommer, wenn es heiß ist, Schatten zu spenden. Im Winter kahl und kalt wirkt er manchmal ganz geheimnisvoll.

Fast vier Wochen lag in diesem Jahr im Februar ganz schön viel Schnee und an einem Nachmittag, bevor es schon dämmerte, saß ein Sperber mit einem erbeuteten Eichelhäer darunter, um ihn zu rupfen und zu fressen. Über eine halbe Stunde konnte ich das Ereignis aus dem Wohnzimmer beobachten, es blieben nur Federn und die beiden Beine übrig, wie ich am anderen Morgen sehen konnte.

Ostern ist in diesem Jahr spät, Ende April und nach dem langen harten Winter erwacht die Natur explosionsartig, als wolle sie etwas nachholen. Die eindrucksvollen Kastanien haben plötzlich wie von Geisterhand das frische helle Grün und tagsüber eilt die Temperatur in Richtung 30 Grad. Die Eichhörnchen sind emsig mit ihrem Nest, dem Kobel, in den Tannen neben dem Walnussbaum beschäftigt. Sie haben im Laufe der Jahre die Scheu vor dem Menschen verloren und springen, wenn sie ganz übermütig sind, auch schon einmal auf den Kaffeetisch der Terrasse. Allerdings ist es seit einiger Zeit mit der Idylle vorbei, wie ich letzthin mitten in der Nacht beobachten konnte.

Es war eine Vollmondnacht und es war mir unmöglich zu schlafen. Aus dem Garten ertönte enormes Geräusch, keckern, quitschen, kratzen am Baum und Stille. Vorsichtig stand ich auf, machte aber kein Licht und hielt hinter dem Vorhang des großen Wohnzimmerfensters inne. Im Nachbarhaus war schon der Lichtmelder angegangen, aber Einbrecher würden sicher nicht solche Geräusche machen und sich auch nicht eine helle Vollmondnacht zur „Pirsch“ aussuchen.

Siehe da ...

Auf der winterlichen mit Raureif bedeckten Wiese fand eine wilde Jagd statt und vorerst konnte ich nicht erkennen, um welche Gesellen es sich handelte. Für Katzen erschienen sie mir zu klein, Ratten kann man sich so nicht vorstellen, ich vermutete Marder.

Ich musste vorsichtig sein, bei der Helligkeit würde mich jede Bewegung verraten und die wilden Gesellen vertreiben. Es war schon ein wenig gespenstisch. Bei der Hatz hintereinander her verschwanden sie im Dunkel der Bäume und plötzlich waren sie wieder blitzschnell im Hell des Mondes zu erkennen. In kurzen Pausen hielten sie inne und ich konnte sehr gut Marder erkennen.

Waren es zwei Konkurrenten oder bemühte sich einer um eine Auserwählte?

Normalerweise findet dies in der Nähe des Baues statt und die Paarung nur im Bau. Sollte er tatsächlich hier in der Nähe sein? Unter den Bewohnern des Viertels war bekannt, dass es hier viele Marder geben musste. Oft waren sie am Morgen von Autos überfahren zu sehen und der eine oder andere Hundebesitzer begegnete ihnen auch ab und zu spät am Abend. Sie huschten über die Straße und waren trotz der Dunkelheit und spärlicher Straßenbeleuchtung doch an ihrem schlanken Körper gut zu erkennen.

Wie auch immer, die Eichhörnchen mussten in Zukunft auf der Hut sein. Sollten es Baummarder sein, Eichhörnchen gehören bei ihnen zur Lieblingsbeute. Sie sind zwar nicht schneller, haben aber die bessere Ausdauer und jagen sie zu Tode. Oft springen sie in die Enge getrieben in Todesangst von einem hohen Baum herunter und nutzen den großen buschigen Schwanz als Segel. Der Marder aber rast den Baum wieder herunter und irgendwann ist es um das Eichhörnchen geschehen. Durch die vielen Nussbäume sind sie hier sehr zahlreich vertreten. Sie plündern ja auch gerne Vogelgelege und es fiel schon auf, dass es immer weniger junge Vögel gab.

Die Natur regelt es wie immer wunderbar selber, wie „Angebot und Nachfrage".

Ich werde aus meinen Gedanken gerissen, haarscharf an mir fliegt eine Blaumeise vorbei und blitzschnell in den Nistkasten direkt an der Terrasse. Sie scheinen schon zu füttern, bei der Eile. Immer zur Brutzeit verlieren sie total ihre Scheu vor den Menschen und es macht überhaupt nichts aus, in nur ein paar Meter Abstand im Sessel zu sitzen und zu beobachten.

Auch die Kohlmeisen am anderen Ende des Gartens füttern schon ihre Jungen. Bisher war in jedem Jahr nur immer ein Nistkasten bewohnt und schon im Winter gab es Revierkämpfe. Wer kennt es nicht, die blitzschnellen Verfolgungen durch Bäume und Büsche.

Wie aber beim Menschen auch, man scheint sich aneinander zu gewöhnen und kleine Raupen gibt es ja genug. Ihnen können die Marder und Eichhörnchen nichts anhaben, sie sind durch die kleinen Einfluglöcher sicher.

Sie müssen sich aber vor dem Mauswiesel in Acht nehmen, das wir in jedem Jahr in der Nähe eines Stapels mit alten Terrassenplatten beobachten. Bestimmt haben wir deshalb so wenig Mäuse. Was uns in jedem Jahr wundert, immer haben die Rotkehlchen Junge und das sind Bodenbrüter. Sie müssen auch in unserer Nähe ihr Nest haben, viele kleine Büsche und Bodendecker bieten alles. Trotzdem sind sie scheinbar Meister der Tarnung, bisher ist es mit den Mauswieseln noch zu keinem Drama gekommen.

Buntspecht und Grünspecht sind noch verschwunden und haben sich sicher in den Wald zurückgezogen. Dafür ist aber wieder unser kleiner Gesangsstar zurück, wie in jedem Jahr, der Zaunkönig. Immer baut er sein Nest im Efeu an der Wand und obwohl so klein, ist er stimmgewaltig wie keiner. Wir haben ihn Pavarotti getauft.

„Hast du gehört, das war wieder Pavarotti.“

Mit einer unglaublichen Lautstärke verschafft er sich Gehör, übertönt alle anderen und besonders laut ist er, wenn man den Rasen mäht. Als müsse er einen Konkurrenten übertönen und auf sein Revier aufmerksam machen.

Der Apfelbaum und die Sauerkirsche haben bisher noch nicht so schön geblüht. Wir sind sehr beruhigt, es summt kräftig, nicht nur von den kleinen Hummeln. Die Bienen sind wieder da und wir hoffen, dass es so bleibt.

Es ist Balsam für die Seele, nun wieder jeden Morgen in aller Frühe vom Vogelgesang geweckt zu werden.

Wer möchte bei diesem Osterfest noch verreisen?

UNSERE SCHÖNE STADT

Dort, wo der Rhein das Mittelgebirge verlässt und sich der weiten Tiefebene zuwendet, liegt Bad Godesberg, „die Perle des Rheins“. Die letzten Höhen des Gebirges, Rodderberg und Siebengebirge, hat der herrliche Strom verlassen, die Berge treten zurück, die Ebene beginnt sich zu weiten. Eine wunderbar schöne Vereinigung von Berg- und Tiefland, ein Punkt, so prächtig, wie ihn das deutsche Vaterland selten bietet, den, hingerissen von seiner zauberischen Schönheit, ein Alexander von Humboldt „das achte Wunder der Welt“ genannt hat. Zahlreiche Ortschaften liegen an dem breiten Strom in der gesegneten Ebene. An den Fuß des 122 Meter hohen Burgberges, von dem die prächtige Ruine der Godesburg gar weit und majestätisch in die deutschen Lande schaut, schmiegt sich der Ort Bad Godesberg an. Es ist Station der linksrheinischen Bahn, Strecke Köln Bonn, Godesberg, Koblenz, Mainz, Frankfurt a.M.

Auch Ernst Moritz Arndt, der gerne und lange in Godesberg geweilt hatte, drückte sich folgendermaßen aus: „Diese reizende Stelle ist durch ihre Lage und ihre Umgebungen einer der lieblichsten Punkte am Rheingestade, schauend auf das erhabene Siebengebirge.

Hier und in dem eine Viertelstunde entfernten, hart am Rhein liegenden stattlichen Dorfe Plittersdorf blitzt gleichsam der hellste Silberblick der wundervollen Gegend auf, welche an Mannigfaltigkeit und Erhabenheit im Vaterlande schwerlich ihresgleichen findet. Denn hier, welch ein Blick, welche Bilder, welche einzige und zauberische Aussicht ringsum.“

Der südliche Teil bietet eine so elegante Villenstadt, wie eine zweite am Rhein wohl nicht mehr vorkommt. Die Straßen sind meist prächtige Alleen. Der Rheinallee folgend erreicht man eine große Terrasse mit ganz hervorragend schöner Aussicht auf das Rheinpanorama mit Siebengebirge. An der 4 km langen Promenade befinden sich die Dampfstation der Köln-

Düsseldorfer Dampfschiff-Gesellschaft, die Landebrücke der elektrischen Fähre, die Rhein-Badeanstalt und die Haltestellen der Lokal- und Motorboote. Vom Hochufer blicken die vornehmen Villen, umgeben von herrlichen Parkanlagen, herab.

Daran anschließend finden wir das Geschäftsviertel und den Kurpark. Moderne Läden bieten alles, was das Herz begehrt. Die aus der kurfürstlichen Zeit stammenden Anlagen und viele prächtige Privatparks unterstreichen den vornehmen Charakter Bad Godesbergs als Gartenstadt. Diese Gegend auch mit ihren wunderbaren alten Bauten zeigt ein so reizendes Bild, wie wir es kaum in einem anderen Ort Deutschlands finden. Alles wird überragt von der Godesburg.

Die Höhen, welche vom Rodderberg herkommen und über Bonn langsam abfallen, werden hier durch das liebliche Marienforster Tal durchschnitten. Hier entspringen die Eisenquellen, die dem Heilung suchenden so sehr gut tun. An und auf den grünen Höhen erheben sich schlossartige Villen und Sanatorien. Hier ragt auch die mächtige Bismarcksäule empor, von der am Sonnwendtage flammende Lohe gen Himmel schlägt. Von den Bergen bietet sich der umfassendste und schönste Blick über Godesberg. Es gibt zahlreiche höhere Bildungsanstalten für Mädchen, auch viele Pensionate. Bonn, mit Gymnasium, Realschulen und Universität ist in zehn Minuten Bahnfahrt zu erreichen.

Das Klima ist anregend und überaus mild und gleichmäßig. Bad Godesberg liegt in der Ebene zwischen dem Rhein und den als Vorgebirge bezeichneten Ausläufern der Eifel nach Osten und Südosten offen. Daher ist die Besonnung sehr stark. Im Winter ist die Durchschnittstemperatur höher als die der als warm bekannten Orte Wiesbaden, Baden-Baden und Lugano. Die Luft wird im Sommer ständig durch die vorherrschenden westlichen Winde erneuert und leicht bewegt. Die mächtigen Wälder der Eifel beeinflussen die Luft zusätzlich durch wohltuende Kühle.

Die Mineralquelle „Draitschbrunnen“ kommt als Trinkkur und Badekur zur Anwendung.

Professor Kirsch, Prag, äußerte sich sehr positiv. „Ich kenne sehr wenige Eisensäuerlinge, die eine therapeutisch so bedeutende Zusammensetzung haben. Ihre vorzüglichste Ballneotherapeutische Verwertung wird der Godesberger Quelle bei katarrhalischen Affektionen der Verdauungsorgane finden, wenn sie anämische, in ihren Kräften herabgekommene oder skrophulöse Individuen betreffen, bei chronischem Magenkatarrh, wenn die Ernährung wesentlich gelitten hat, bei hartnäckigem chronischem Bronchialkatarrh jugendlicher Individuen mit dem Charakter der Skrophulose, bei chronischem depotensierenden Blasenkatarrh, bei Chlorose und ihren im gesamten Nervensystem sich kundgebenden Erscheinungen.“

Die Heilkraft der Eisenquelle war schon den Römern bekannt. Selbst die Kriegswirren später vermochten nur vorübergehend das flotte und vornehme Badeleben zu stören.

Reiche Kölner Kaufleute schufen sich hier Landsitze mit großen Gärten.

Wegen des moderaten Klimas, vor allem auch im Winter, entwickelte sich die Stadt in hervorragender Weise als Rentnerstadt, Wohnsitz für Offiziere und pensionierte Beamte.

Damals warb die Stadt mit den Vorzügen:

Gesundes Klima

Wunderbare landschaftliche Schönheit

Eine Fülle herrlicher Spaziergänge

Unübertroffene gesundheitliche Einrichtungen

Große Auswahl an Wohnungen, Häusern und Villen

Mäßige Preise der Lebensmittel

Angenehme gesellschaftliche Verhältnisse, neben der Möglichkeit, in Ruhe und Zurückgezogenheit zu leben

Gute Schulen für Zuziehende mit schulpflichtigen Kindern, Nähe zur Universität

Günstige Verkehrsverhältnisse für Nah – und Fernverkehr, Nähe von Bonn und Köln.

Niedrige Steuern

Bis nach dem Zweiten Weltkrieg waren Bad Godesberg und Bonn schöne verschlafene Städtchen, erstens für Rentner und Heilung suchende und zweitens vor allem Bonn als Universitätsstadt. Damals hatte Bonn um die 100000 Einwohner mit 40000 Studenten.

Durch Adenauer wurde es schließlich zur provisorischen Bundeshauptstadt. Die wunderbaren alten Jugendstilgegenden waren kaum zerstört worden. Bonn hat den größten nicht zerstörten Jugendstilstadtteil Deutschlands, die Südstadt. Dort fielen nur ein paar Bomben, welch ein Glück.

Aber nun wurde überall gebaut, um die Bundesregierung und tausende von Bediensteten unterzubringen. Die Bevölkerung war nicht begeistert. Überall platzte die Stadt aus allen Nähten und durch die Eingemeindung verlor Bad Godesberg seine Unabhängigkeit.

In Plitterdorf baute man eine riesige amerikanische Siedlung und in allen Stadtteilen entstanden Bundeswohnungen. Die Botschaften zogen vor allem in die Villen in Bad Godesberg ein, man nannte es deshalb später die „Diplomatenstadt“.

Die gesamte Infrastruktur sollte einer Hauptstadt angemessen entwickelt werden, ja sogar eine Untergrundbahn entstand, welch ein Luxus. Steuergelder flossen reichlich, um auch kulturell etwas bieten zu können.

Die Bundesregierung und vor allem die ausländischen Diplomaten fühlten sich sehr wohl. Immer wieder wurden die kurzen Wege gelobt, sind doch in den Weltstädten manche Stadtteile größer als ganz Bonn.

Viele Scherze gab es über das gesellschaftliche Leben und vor allem das Nachtleben. Das beste an Bonn ist die Autobahn nach Köln. Oder in Bonn regnet es oder die Bahnschranke ist geschlossen. Die Bahn fährt mitten durch die Stadt. Bonn ist halb so groß, aber doppelt so tot wie der Friedhof von Chicago.

Große Veranstaltungen fanden oft in Köln oder Düsseldorf statt, im Vergleich zu anderen Weltstädten waren es keine Entfernungen. Auch die Studenten fühlten sich sehr wohl, die Universität ist eine der beliebtesten Deutschlands.

Nach der Wiedervereinigung unseres Landes musste wieder umstrukturiert werden. Die Bundesregierung zog nach Berlin mit tausenden Bediensteten, den ganzen Botschaften, vielen Verbänden. Als Ausgleich kamen nun zwar andere Behörden nach Bonn in die vorhandenen Bauten, aber viel Kaufkraft ging verloren. Unzählige Geschäfte standen leer und die Innenstadt verkümmerte.

Die Politiker wurden wie so oft größenwahnsinnig. Die schönen alten Bauten in Bonn und Bad Godesberg ließ man verkommen und meinte, es müsse nun ein Riesenkongresscenter gebaut werden. Unsere Oberbürgermeisterin Frau Dieckmann wurde in ihrer Amtszeit von einem angeblichen südkoreanischen Investor über den Tisch gezogen, Schaden insgesamt ca. über 100 Millionen Euro. Natürlich hatte sie von alledem keine Ahnung, noch schlimmer, als habe sie alles selber falsch gemacht. Aber wie immer in der Politik, die Untergebenen waren plötzlich die Schuldigen. Das muss in Zukunft anders werden, auch Politiker müssen ins Gefängnis, wenn sie Fehler machen. Durch ihre Parteifreunde überall wurde sie auch nicht verurteilt, sondern bekam sogar sofort einen neuen Posten bei der Welthungerhilfe, unglaublich.

Wir kennen es ja von überall, ob der Nürburgring, Berliner Flughafen, Hamburger Philharmonie und viele andere, es geht um Milliarden verschwendeter Steuergelder und nichts passiert. Wenn das alles keine Steilvorlage für Zorn auf die Politik ist.

Inzwischen ist natürlich alles fertiggestellt und durch die übrigen Unterbringungsmöglichkeiten in Bonn konnte die Weltklimakonferenz sogar mit 25.000 Teilnehmern hier stattfinden. Wir werden sehen, wie es in Zukunft aussieht, steht alles meistens leer oder werden die Einrichtungen auch genutzt?

Die Botschaften haben inzwischen meist ihre Villen wieder verkauft. Ein glücklicher Zustand war, dass die Deutsche Telekom und die Deutsche Post mit Postbank Bonn als Standort auswählten. Vor allem das sehr große obere Management kaufte die Hochpreisimmobilien auf, so kam es kaum zu einem Preisverfall.

Ein großer Nachteil sind aber nun die vielen Dienstwagen, die Bonn verstopfen. Man sieht viel mehr Dienstwagen von Post und Telekom als Privatwagen und das bei den kleinen Entfernungen hier. Meist haben die Ehefrauen auch noch einen SUV als Zweitwagen, nach dem Motto, Umwelt ja, aber bitte bei den anderen.

So herrschen verkehrsmäßig verheerende Zustände in Bonn. Dabei sind zur Zeit CDU und Grüne vereint hier am Ruder. Aber von früher immer über 50% ist die CDU inzwischen auf um die 30% abgesackt und es wird bestimmt noch weniger werden. Die Grünen sind in Universitätsstädten ja traditionell stark.

Bad Godesberg ist inzwischen eine der größten Salafistenhochburgen und auch sonst hat man vom Straßenbild her den Eindruck, man ist in einer arabischen Stadt. Die Botschaften sind nach Berlin umgezogen, aber viel Personal ist hier illegal geblieben und es passiert nichts. Die Kriminalität hat alle Grenzen überschritten und ältere Menschen werden inzwischen am hellen Tage überfallen. Vor zwei Jahren wurde am Abend ein Jugendlicher ohne Grund von Ausländern totgeschlagen. Der Fall erregte europaweit Aufsehen. Es ist zu befürchten, dass auch hier bald Stadtteile entstehen, wo sich sogar die Polizei nicht mehr hereintraut. Das ist ja in ganz vielen Städten in Deutschland schon an der Tagesordnung, Dank der unfähigen Politiker.

REZEPTE VON DAMALS
In den Kriegsjahren 1914 - 18

Grundlage zum kochen und braten ist das Schmalz.

Man nehme folgendes:
Milchfett,
1 kg Schweinefett
1 kg Rindernierenfett
500 g Butter

Das Schweinefett wird in kleine Stücke geschnitten und über Nacht eingewässert, ebenso das Rinderfett. Dann wird jedes für sich mit etwas Wasser langsam ausgebraten. Die Butter wird wieder für sich geklärt. Wenn alle drei Fette so weit fertig sind, kocht man sie in 1 Liter Milch tüchtig durch und lässt sie in dem Topf erkalten. Dann schneidet man das Fett über der Milch ab, läßt es in einem Kochtopf noch einmal schmelzen und gießt es in einen Steintopf, in dem man es zugebunden lange Zeit aufbewahren kann. Die Milch kann man zu Kartoffelbrei verwenden. Ein anderes sparsames Bratenfett ist:

250 g Butter
500 g Palmin
250 g Rindertalg
250 g Margarine

Alle Fette werden flüssig gemacht und ordentlich vermischt, anschließend in einem Steintopf zum Erkalten gebracht. Mit diesem Fett kann man alles kochen und backen

Kriegskochbücher für die Hausfrauen sparten auch nicht mit patriotischen Sprüchen:

„Auch die Vaterlandsliebe geht durch den Magen.“.

„Hunger ist der beste Koch“, denke an deine Tante Hannchen.

So kocht man gut und billig für 3 Personen um eine Mark. Gemüse konnte überall angebaut werden, in jedem Garten, vor allem aber die Rüben.

„Rüben, Rüben haben mich vertrieben, hätt meine Mutter Fleisch gekocht, wär ich daheim geblieben.“

Kartoffelspeisen waren eine weitere große Stütze. „Wer die Kartoffel nicht ehrt, ist den Braten nicht wert“.

Und zu jeder Karoffelspeise gab es natürlich eine Soße, damals Tunke genannt.

Fleisch wurde gepökelt, also mit Salz haltbar gemacht.

Eier gab es auch überall und Obst für Süßspeisen.

Der treueste Freund der Hausfrau in diesen Jahren ist die Kartoffel. Und ich glaube, man wird ihr von dem Jahre 1915 an die Freundschaft noch treuer erwidern. Es lassen sich ganz ausgezeichnete Kartoffelgerichte zubereiten. Die besten sogenannten Mehl-, jetzt nur Süßspeisen genannt, kann man aus Kartoffeln herstellen. Aber auch die Möglichkeiten mit Speck, Eiern und Käse sind groß.

Suppen weiß man auch heute noch zu schätzen, aber damals waren sie unbezahlbar. Heiß, wenn es draußen kalt war, und mit wenig schmackhaft zu bereiten.

„Entbehre gern, was du nicht hast“, es ist nicht ratsam in dieser Zeit viel Fleischsuppen zu essen. Ab und zu an Sonntagen, aber ansonsten wussten die Hausfrauen die Mannigfaltigkeit der sogenannten falschen Suppen perfekt auf den Tisch zu bringen.

Wie gut ist doch eine richtig gemachte Gemüsesuppe. Wie viele Arten Kartoffelsuppen gibt es! Welch große Hilfe erwächst der Hausfrau in Gestalt der kleinen Bouillonwürfel, im Preise von 5 Pfennig. Wie sehr helfen die ganz ausgezeichneten Maggi Suppentafeln an arbeitsreichen Tagen, die für 10 Pfennig in kurzer Zeit eine sehr gute Suppe geben und in fast 40 verschiedenen Arten zu haben sind.

Sie gab es also schon damals vor 100 Jahren und scheinbar in größerer Auswahl als heute.

Fische und Fischgerichte, „frische Fische, gute Fische“ halfen auch bei der Fleischteuerung, etwas anderes auf den Tisch zu zaubern.

„In dieser Zeit muss der größte Wert auf die Ernährung durch Fische gelegt werden. Sie sind nahrhaft und statt Fleisch mit Gemüse zubereitet ganz vorzüglich. Wie köstlich schmeckt doch der Hering, der uns in diesen Kriegsjahren als Verbündeter gegen das Aushungern in Massen zugezogen kam. Es ist gut, wenn ihr mehr Fisch kauft, als zu einer Mahlzeit nötig ist – die Resteverwertung ist ja so mannigfaltig, wie gut ist z.B. ein Fischpudding. Bei richtiger Einteilung werdet ihr sehen, wie billig auch der eigentlich teure Hecht ist, er ist gebraten, gesotten, mit Pertersilientunke und auch in der Restverwendung als Fischsuppe ein vorzügliches Mittagessen und kostet auch nicht mehr als eine Mark.“

Immer wenn es Fleisch gab, lautete der Rat „kauft vom Fleisch immer ein größeres Stück, als ihr für 3 Personen braucht. Es ist unvorteilhaft, kleine Stücke zu kaufen. Wenn ihr meinen Essplan anseht, werdet ihr gleich bemerken, auf wie viel verschiedene Arten man Fleisch verwenden kann, und dass selbst eine große Gans nicht mehr für eine Mahlzeit kostet als eine Mark. Nur an der Einteilung liegt es. Nehmen wir an, eine Gans kostet in der Zeit, in der sie am billigsten ist, also im November, 6 bis 7 Mark, so kann man leicht sechs bis sieben gute Mahlzeiten davon bekommen. Fangen wir einmal an:

Vom Gänseklein kocht man einmal Schwarzsauer, das ein vorzügliches Abendbrot gibt, den Rest kocht man mit Petersilientunke. Der Gänsehals wird gefüllt und in Graupensuppe eingekocht. Die Gänseleber mit Äpfeln und Kartoffeln gebraten ist wieder ein Abendbrot. Nun kommt die gut gebratene Gans als Sonntagsbraten heran. Als sie noch roh und appetitlich in der Küche auf dem Holzbrett lag, hat man ihr die Keulen und Flügelteile abgeschnitten, um sie recht praktisch zu einem Weißsauer zu kochen, das mit Bratkartoffeln ein ausgiebiges Abendbrot gibt. Nun bleibt noch die gute halbe Gans, welche zu einem Gemüse gegessen wird, und dann gibt das Gerippe eine sehr gute Suppe, ebenso Reste vom Gänseklein in Petersilientunke. Nach dieser Angabe verwendet gibt eine Gans 3 Mittagsbrote, 3 Abendessen und 3 Suppen und ein gutes Pfund Schmalz lohnt auch noch die Mühe und hat ja auch noch einen Wert von 1 Mark.

Auch ein Hase ist nicht teuer, wenn man am ersten Tage von dem Klein Hasenpfeffer kocht, von den Resten eine Suppe macht, dann an einem Sonntag die Keulen schmort. Den Rücken hat man in Milch gelegt und am nächsten Sonntag in Rahm gebraten, auch davon bleibt ein reichliches Abendbrot und eine gute Wildsuppe.

Von einem größeren Stück Kalbfleisch kann man von den nicht so guten Stücken Gulasch eingemachtes Kalbfleisch und alle mit Fleisch gefüllten Gerichte kochen, dann ist es viel praktischer. Beim Einkauf von Fleisch gleich für mehrere Tage vorsorgen.

Fleisch soll in diesem Jahre auch nicht das Hauptgericht, sondern immer nur die reizvolle Zuspeise sein."

Ein wahres Trommelfeuer an Ideen, wenn wir es heute in unserer Überflussgesellschaft lesen und für viele, die nur Dosen aufmachen können atemberaubend und unvorstellbar.

Die Kochkiste

Das Garkochen in der Kochkiste gewinnt bei der Rationalisierung von Gas und Elektrizität und der Verknappung von festen Brennstoffen allgemein an Bedeutung. In erster Linie sind für das Garmachen in der Kochkiste alle Quellgerichte geeignet, also Hülsenfrüchte und Getreideprodukte. Aber auch Kartoffeln können nach kurzem Ankochen (etwa 5 Minuten) in der Kochkiste fertig gegart werden. Gemüse muss je nach Alter und Beschaffenheit etwas länger kochen, bevor es in die Kochkiste wandert. Das Gericht muss in vollem Kochen vom Feuer genommen und schnell verstaut werden. Je größer die fertigzustellende Menge ist, desto besser gelingt das Garmachen bzw. warmhalten, da die Abkühlung bei größeren Mengen langsamer vor sich geht. Eintöpfe sind also besonders geeignet.

Herstellung der Kochkiste

Benötigt wird ein fester Behälter, Isolierstoff, Material zum Ausfüttern und geeignete Kochgefäße.

Als Behälter eignet sich am besten eine quadratische oder sonst rechteckige Holzkiste, notfalls auch ein niedriges Holzfass, Kiepe, großer Einkochtopf, Wanne, Hutschachtel, Rundfunkkarton oder dergleichen.

Zur Füllung ist in Streifen geschnittenes, zusammengeknülltes Zeitungspapier brauchbar, Holzwolle, saubere Lumpen, alte Kissenfüllungen aller Art, trockenes Moos und Heu.

Besondere Eignung zum Kochgefäß haben starkwandige Kochgeschirre mit fest schließenden Deckeln, falls keine vorhanden, wähle man Kochtöpfe mit möglichst kleinen Henkeln.

Die Kochkiste muss nach jedesmaliger Benutzung offen stehen, bis sie ausgelüftet und ausgekühlt ist und etwa feucht gewordene Stellen getrocknet sind.

Speisevorschläge für einen Wintermonat im Ersten Weltkrieg, den Dezember oder Christmonat

1. Dezember: Mittags: Kloßsuppe, Apfelreis mit Rosinen.
Abends: Kartoffelklöße mit Zwiebelspecktunke, Salzgurke

2. Dezember: Mittags: Gerstensuppe, Kohlrüben mit Schweinekamm und Kartoffeln
Abends: Griesflammeri mit unterlegten Früchten

3. Dezember: Mittags: Hollersuppe. Gebratene Schellfischfilets mit roter Rübentunke
Abends: Mohrrüben mit Reis und Frikadellen

4. Dezember: Mittags: Graupensuppe mit Ochsenfleisch, Mathildenreis
Abends: Kartoffelpuffer mit Salzgurken

5. Dezember: Mittags: Reisbrühe (Maggi), Wildente mit Rosenkohl, Kartoffeln
Abends: Kartoffelmaultaschen

6. Dezember: Mittags: Brühe mit Wildklößchen, Pflaumengrütze mit Vanillemilch
Abends: Bratenreste mit Makkaroni und Reis gebacken

7. Dezember: Mittags: Makkaronisuppe, Krautwickel mit Kartoffeln
Abends: Geflügelkrokets mit Kartoffelsalat

8. Dezember: Mittags: Apfelsuppe mit Zwieback, gebackene Bohnen
Abends: Gedünstetes Hirn mit Salzkartoffeln

9. Dezember: Mittags: Hirnsuppe, Kohldolma mit Sardellentunke
Abends: Grießstrudel mit Pflaumenmustunke

10.Dezember: Mittags: Grünkernsuppe, Fischfilets mit Makkaroni

Abends: Eingelegte Heringe, Kartoffeln

11.Dezember: Mittags: Gräupchensuppe (Maggi), Ochsenfleisch mit grünen Bohnen und Kartoffeln
Abends: Backpflaumenreis

12. Dezember: Mittags: Nudelsuppe, Sauerbraten mit Kartoffelbrei
Abends: Fleckerlpastete

13. Dezember: Mittags: Biersuppe mit Grieß, gefüllte Kartoffelknödel
Abends: Fleischsalat

14. Dezember: Mittags: Kartoffelsuppe, gefülltes Kraut, Kartoffeln
Abends: Maisgrießbrei mit Kompott

15. Dezember: Mittags: Tomatensuppe mit Grieß, Kartoffelauflauf mit Mustunke
Abends: Schwarzwurzeln, kaltes Fleisch

16. Dezember: Mittags: Bayrische Weißkrautsuppe, Rindsrouladen mit Kartoffeln
Abends: Mohrrübenpudding mit Buttertunke

17. Dezember: Mittags: Tomatensuppe, Schellfisch, Sauerkraut in der Form, Kartoffeln
Abends: Warme dänische Apfelgrütze mit Milch

18. Dezember: Mittags: Schwarzwurzelsuppe, Bratwurst mit Grünkohl, Kartoffeln
Abends: Böhmische Topfenknödel

19. Dezember: Mittags: Maggireissupe, Schweinekotelett mit Rotkohl und Kartoffeln
Abends: Gebackener Kartoffelschnee, kalte Bratwurst

20. Dezember: Mittags: Linsensuppe mit Backpflaumen und Würstchen
Abends: Mehlmus mit Himbeersaft

21. Dezember: Mittags: Grießsuppe, gelbe Rüben und Schweinefleisch, Kartoffeln
Abends: Hering in Senftunke mit Bratkartoffeln

22. Dezember: Mittags: Apfelsuppe mit Brot, Krautkuchen
Abends: Schweinsleber mit Äpfeln

23. Dezember: Mittags: Käsesuppe, Ochsenfleisch mit Meerrettichtunke und Kartoffeln
Abends: Reisauflauf

24. Dezember: Mittags: Rosenkohlsuppe, Semmelpudding mit Birnenkompott
Abends: Karpfen in Bier mit Salzkartoffeln

25. Dezember: Mittags: Brühe mit Sternchen, warmer Schinken, grüne Schoten, Bratkart.
Abends: Nudelpfannkuchen mit kaltem Schinken

26. Dezember: Mittags: Maggispargelsuppe, gespicktes Filet mit Krautklößen, Griesauflauf
Abends: Apfelschmarren

27. Dezember: Mittags: Grüne Schotensuppe, gefüllter Weißkohl, Kartoffeln
Abends: Schinkenspagetti

28. Dezember: Mittags: Schwäbische Suppe, Filetgulasch mit Kartoffeln
Abends: Saure Kartoffeln, kaltes Fleisch

29. Dezember: Mittags: Wintersuppe, Grünkernschnitzel mit Sardellentunke
Abends: Schinken in Pfannkuchenteig gebacken

30. Dezember: Mittags: Dezembersuppe, gebratene Fischklöße, rote Rüben
Abends: Reisschnitte mit Kirschen

31. Dezember: Mittags: Reissuppe, Schwedische Fischklöße mit Kartoffeln
Abends: Schweinskoteletts in Aspik, Bratkartoffeln

Wenn man das heute nach 100 Jahren liest, läuft einem bei einigen Gerichten das Wasser im Munde zusammen. Angesichts der rasant steigenden Armut überall könnte eventuell die eine oder andere Gedankenstütze zu finden sein.

Quellenangabe: Kochbuch 1915, der Gelbe Verlag Dachau

DER HEILPRAKTIKER

Seit einigen Jahren erstrahlt das kleine Jugendstilhaus in der Kreisstadt nun wieder in neuem Glanze. In der unteren Etage befindet sich ein Kosmetikstudio, von einer Wienerin eröffnet, und in der oberen Etage eine Heilpraktikerpraxis.

Es war nicht ganz leicht, das Ziel zu erreichen, und jeder, der sich selbstständig macht, kann davon eine Story erzählen. Lissy erwies sich dabei förmlich als Allzweckwaffe.

Die Liebe hatte sie einst von Wien auf das Land verschlagen. Leider ging die Verbindung in die Brüche, aber durch ihre nette Art hatte sie in kurzer Zeit einen Riesenbekanntenkreis. Ob Stadtverwaltung, Polizei, Banken, Politiker oder andere, Lissy kannte alle.

Beziehungen können ja nicht schaden und es fing schon mit der Renovierung und Restaurierung des alten Hauses an. Strenge Denkmalschutzregeln mussten eingehalten werden.

Zunächst ging es darum, das Objekt zu erwerben. Der Preis war niedrig, weil viel investiert werden musste, und die Bewerberliste war lang. Zum Glück gab es kein Bieterverfahren, der Bewerber, der am meisten bietet, bekommt das Haus.

Die Stadtverwaltung hatte natürlich bestimmte Vorstellungen davon, wie die Belebung der Innenstadt vorangebracht werden könnte, reger Besucherverkehr war gefragt.

Lissy bekam den Zuschlag. Ihre Finanzierung durch die Bank stand und ein ihr bekannter Architekt konnte auch mit seinem Plan überzeugen. Skeptisch war man bezüglich der Heilpraktikerpraxis hier auf dem Lande.

Sehr lange war der ganze Komplex eine Baustelle, aber endlich nach den Sommerferien wurden beide Praxen eröffnet.

Bisher hatte Karl in einem Ärztehaus nahe eines Industriegebiets als Heilpraktiker keine so guten Erfahrungen gemacht. Außerdem war die Miete sehr teuer, für einen Anfänger nicht leicht. Die Kunden kamen nur spärlich, obwohl er mit den anderen Kollegen im Haus einen guten Kontakt hatte, die bei Bedarf Patienten an ihn überwiesen.

Aber Qualität setzt sich durch, Karl hatte ursprünglich Chemie und Psychologie studiert. Die immer mehr um sich greifenden Diskussionen um Schulmediziner, Antibiotika und Medikamente mit verheerenden Nebenwirkungen hielten ihn davon ab, Medizin zu studieren.

Stattdessen setzte er sich noch einmal zwei Jahre auf die Schulbank und machte eine Zusatzausbildung als Heilpraktiker. Auch diesen Beruf sehen viele Menschen nach wie vor kritisch, aber die Anhänger werden immer zahlreicher. Zusätzliche Ausbildungen in Akkupunktur und Psychologie folgten. Viele Patienten wollen beraten werden, eine Problematik, die gerade bei Schulmedizinern viel zu kurz kommt. Die Hausärzte haben in ihren total überfüllten Praxen dazu überhaupt keine Zeit. Oft sind Kranke vor allem beunruhigt, wenn sie keine Zusammenhänge erklärt bekommen, wenn doch, geht es ihnen gleich etwas besser. Die Psyche spielt eine immer größere Rolle bei der Bewältigung.

Karl profitierte von dem Kosmetikstudio unten.

Auch Lissy hatte in ihrer Ausbildung große Bedeutung auf die Psychologie gelegt. Viele Damen, die sich behandeln lassen, haben große Probleme mit ihrer Figur, zu großem Busen, zu kleinem Busen, Hüftgold, Bauch, Oberschenkel und vieles mehr. Man kann ja nicht jeder einfach nur empfehlen, sich mehr zu bewegen und mehr Sport zu treiben. Außerdem herrscht der Zeitgeist, Schönheitsoperationen.

Da ist es ganz gut, die Damen zusätzlich auch noch zu einem unabhängigen Mann zu schicken. Natürlich beraten auch Schönheitschirurgen, aber dabei denken sie oft auch an ihren Geldbeutel.

Karl war inzwischen sehr beliebt, besonders bei den Frauen. Mit seinem Babyface sah er aus wie Ende zwanzig, obwohl er Mitte vierzig war. Ein wenig erinnerte er an Woody Ellen, auch mit seiner kleinen Hornbrille. Er wirkte fast schüchtern, sehr zurückhaltend und sehr einfühlsam. Er hatte nichts an sich, was zur Zeit ja angeblich so männlich macht, vor allem sein Bartwuchs war gleich null. Allerdings trieb er viel Sport und hatte eine dementsprechende Figur. Lissy und ihre Freundinnen flogen auf ihn und manche gingen richtig ran. Sie bestärkten ihn und machten sich immer lustig über den derzeitigen Zeitgeist, das ungepflegte „Sauerkraut" im Gesicht. Überall diese ungepflegten Typen, in jeder Werbung, schrecklich. Dabei hatten die meisten Puddingfiguren und ordentlich Hüftgold. Offenbar meinte man, Haare retten die Männlichkeit.

„Je mehr die Herren das alles betonen, je größer die Komplexe. Sieh dir doch die meisten der Typen an, sie sind sehr hässlich, klein mit Glatze, dick und fett, sehr oft mit verkommenem Körper. Da kann man dann auch vermuten, die sind einfach zu faul, sich zu pflegen".

Lissys Freundin Petra wird oft sehr deutlich.

„Stell dir die Typen im Schwimmbad vor, zum Totlachen."

„So ein Babyface, der es im Leben zu etwas gebracht hat, nett, freundlich, hilfsbereit, höflich, sportlich und einfühlsam ist hundertmal männlicher als diese Möchtegerne mit ihren Riesenkomplexen."

Also eines konnte man bei Karl feststellen, er war kein Macho, sondern das Gegenteil.

Scheinbar hatte er Bindungsängste oder die richtige war noch nicht dabei. Trotzdem, oder gerade deswegen, machte er immer den total ausgeglichenen Eindruck.

Diane Keaton hatte ja auch mal über Woody Allen gesagt „Woody möchte, dass seine Frau aus einem Geburtstagskuchen springt, ihn anfällt und schnell wieder in der Schokoladensahne verschwindet." Trotzdem war er schon mehrmals verheiratet und galt in den Staaten als Komiker und Gag-Schreiber Nummer eins. Traurig schien er nicht zu sein, aber es konnte natürlich auch nur ein Ventil sein. Wie es in ihm aussah, wenn er alleine in seinem Penthaus in New York ist, wusste man nicht. Allerdings gehörte inzwischen ein Psychiater zu fast allen Größen in den USA.

Inzwischen musste Karl die Praxis täglich öffnen, auch am Nachmittag, weil der Ansturm so groß war. Vorgestern erst war wieder eine Patientin bei ihm, die Akkupunktur gegen Tinnitus wollte, aber das war nur vordergründig die Anamnese. In einer langen Vorberatung und Aufnahme ihrer Leiden stellte sich heraus, dass sie sich im Grunde in ihrem Körper nicht wohl fühlte. Es war ja bekannt, dass dies oft zu psychischen Problemen führt. Auch bei Kopfschmerzen, Bauchschmerzen, Rückenschmerzen lag der Grund häufig in Problemen und Sorgen, die dann zu den Folgen führen. Es war aber dann kein medizinischer Befund, sondern die Psyche war gefragt.

Offensichtlich hatte sie auch Pech mit den Männern, schon zweimal ließ sie sich bei einem Schönheitschirurgen operieren, weil ein Freund einen größeren Busen mochte und der andere bemängelte, sie habe einen zu dicken Bauch.

Karl versuchte einfühlsam zu erklären, dass sie sich ja nicht bei jedem Freund neu operieren lassen könne. Natürlich seien Schlüsselreize wichtig, aber wenn man sich richtig gern hätte, seien die Äußerlichkeiten zweitrangig.

Ihr Selbstwertgefühl und ihr Selbstbewusstsein würden auch dazu führen, charmanter und netter zu erscheinen, lockerer und nicht so verkrampft.

Karl berichtete ihr, dass er oft erlebt hatte, wie dicke Frauen auf Einladungen der absolute Mittelpunkt seien, durch ihre Art. Sie hätten Temperament und würden sich nett zurechtmachen. Weite Kleidung, Schmuck, dezentes Make-Up und vor allem Charme. Wenn sie irgendwo hingehen würde und hätte das Gefühl von Wohlbefinden, sei schon sehr viel erreicht.

„Machen Sie sich bloß nicht die Modebranche mit ihren viel zu dünnen Modells zu eigen. Im Grunde sind die Zeiten vorbei, die sehen wirklich zum Teil aus wie Gespenster. Die hysterischen

Bohnenstangen sind out, man muss ja noch sehen, wo vorne und hinten ist.“

Sie musste schallend lachen, alleine das war schon ein Riesenerfolg.

Noch ein kleines Kompliment wie nett sie sich heute zurechtgemacht habe und strahlend vereinbarte man den nächsten Termin, natürlich für ihre Akkupunktur.

Es sprach sich wohl rum, dass er als Heilpraktiker ganz hervorragend sei und vor allem die Gesundheit als Gesamtheit im Auge hatte. Wie überall, wenn sich etwas Positives herumspricht, kann es sich wie eine Lawine entwickeln.

Seltsamerweise sprachen ihn auch viele Frauen auf die zur Zeit überall aktuellen „Grapsch- und Sexvorwürfe“ an. Auch da war er mehr selber ein Opfer, wie oft ihn schon Frauen am Hintern angefasst hätten, könne er überhaupt nicht mehr zählen. Das sei doch nun wirklich nichts Schlimmes. Schlimmer fände er es schon wenn Männer den Frauen an den Busen fassen würden. Andererseits nehmen sich die Frauen ja heute auch immer mehr die gleichen „Freiheiten“ heraus wie die Männer und gehen ihnen an die Hose. Wenn heute gut aussehende Männer eine Kur machen müssen, sie doch förmlich Polizeischutz erbeten. Manche Frauen sind sogar so extrem und behaupten, sie seien vergewaltigt worden, wenn sie einen Korb bekommen.

Es sei doch überall so, dass ganz viele Jobs über das Bett vergeben werden, ein alter Hut. Entweder sagen die Damen „ja“ und bekommen den Job oder „nein“, dann ist der Posten weg. Das sei doch ganz verbreitet, auch Karriere durch das Bett. Warum es zurzeit in der Presse ein Wettrennen in den Schlagzeilen über dieses Thema gibt, ist allen ein Rätsel.

Es war schon eigenartig, wie oft die Damen Karl zustimmten. Presse und Wirklichkeit sind ja oft verschiedene Welten, aber mit Schlagzeilen lassen sich eben schnell die Auflagen in die Höhe treiben.

Im Herbst nach der ersten Erkältungswelle besuchten vermehrt diese Patienten seine Praxis und wollten alternativ behandelt werden. Aber wenn man es einmal hat, muss man mit jeder Behandlung Geduld haben. Eine Woche kommt die Erkältung, eine Woche steht sie, und eine Woche geht sie. Manchmal aber auch kürzer. Mit Behandlung sieben Tage, ohne Behandlung eine Woche. Auch hier legte er großen Wert auf verschiedene Maßnahmen. Ernährung, Abhärtung, Hygiene, ein ganzes Bündel von Gesichtspunkten sei zu beachten.

Es gibt Menschen die sich zu dieser Zeit sofort in Bussen, Bahnen, Kaufhäusern anstecken und andere bekommen nichts. Meist haben diese einfach die bessere Immunabwehr. Damit sind wir wieder bei der Psyche, Stress und Sorgen können auch da schwächen. Die chinesische Medizin misst dieser komplexen Gesamtheit der Einflüsse ja ganz große Bedeutung bei und ist auch deshalb so erfolgreich. Die Kritiker belächeln das alles noch immer, aber nachdem die Wissenschaft ganz klar nachgewiesen hatte, dass beispielsweise Akkupunktur wirklich hilft, scheint es vermehrt ein Umdenken zu geben.

Karl freut sich jedenfalls immer wenn sich Patientinnen oder Patienten alleine schon nach einem ausführlichen Gespräch viel besser fühlen.

Im nächsten Monat will er etwas Neues ausprobieren, das Gruppengespräch. Jeder soll von seinen Problemen berichten. Das alleine schon ist für viele ein Problem nur mit dem Ehepartner oder Partner, geschweige denn vor einigen fremden Menschen. Aber nicht über diese Dinge zu sprechen, führt zu inneren Spannungen, reden befreit.

In der letzten Woche gab es noch etwas Erfreuliches. Die Therapiemöglichkeiten der Heilpraktiker sind ja begrenzt. Sobald es nicht mehr alternativ ist, muss an einen Schulmediziner überwiesen werden. Obwohl die „harmlosen“ pflanzlichen Mittel, Bachblüten, Schüßler Salze und andere sehr oft helfen, gelten sie meist als „Nahrungsergänzungsmittel“. Wenn aber nun eine

Patientin oder ein Patient beispielsweise eine Lungenentzündung hat, ist es mit der „sanften Medizin" vorbei. Nun müssen „Granaten" her, also Antibiotika.

Aus diesem Grund müssen Heilpraktiker mit einer Schulmedizinerin oder einem Schulmediziner zusammenarbeiten, bei Bedarf also überweisen können. Natürlich auch umgekehrt.

Das Verhältnis hat sich zwar in den letzten Jahren entspannt und bei immer mehr Schulmedizinern steht am Praxisschild auch Homöopathie, Alternativmedizin oder Ähnliches. Trotzdem war es für Karl schwer, jemanden zu finden.

Die Zusage kam letzte Woche von einem Hausarzt in der Nähe, der mit einem Frauenarzt eine Gemeinschaftspraxis hat. Das war natürlich ein Grund, für alle im Haus ein Glas Sekt zu trinken. Natürlich nach Schließung der Praxis und nach Schließung des Kosmetiksalons von Lissy.

Sie brachte eine über 100 Jahre alte Broschüre aus einem Kurort mit. Eine Kundin hatte sie ihr geschenkt, auf dem Flohmarkt erworben. Schon auf der ersten Seite eine Anzeige einer Fabrik diätisch-pharmazeutischer Präparate für jede Jahreszeit, nicht nur für den Winter mit seinen Erkältungskrankheiten, passend zur Heilpraktikerpraxis.

In jeder Jahreszeit soll nicht nur der Kranke, sondern auch der Gesunde daran denken, vorzubeugen und seinen Körper durch eine geeignete Kräuterkur reinigen, widerstandsfähiger machen und zur Gesundung bringen. Aromatische heilbewährte Kräuter, ärztlich empfohlen und gesetzlich geschützt, Originalpaket Mark 2,-.

Seit Jahren sind die heilbewährten aromatischen Kräuter ein Hausfreund und Vorbeuger bei Leiden in vielen Familien. Diese sind eigens nach vielfach erprobten Rezepten für die verschiedenen Krankheiten zusammengestellt, als: Blutreinigungskräuter, Lebenskräuter, Nervenkräuter, Spezialkräuter für Bleichsucht und Blutarmut – Spezialkräuter für Leber-, Nieren- und Blasenleiden (Steinleiden). Spezialkräuter für Unterleibsleiden.

– Brust-, Lungen- und Hustenkräuter. Spezialkräuter für Gelbsucht, Spezialkräuter für Wassersucht. Millituskräuter für Zuckerkranke.

Sanitätsräte und Ärzte äußerten sich anerkennend: „Es soll mich freuen, wenn Ihre Kräuter immer mehr Anklang finden.“

Dr. med. O: „Habe Ihre Tees alle selbst probiert, nachteilige und unangenehme Nebenwirkungen habe ich nicht verspürt.“ Über die Heilwirkung äußerte er sich aber nicht.

Dr. med. B: „Ich freue mich, Ihnen mitteilen zu können, dass die von mir angestellten Versuche sehr befriedigend waren und werde ich die Kräuterkur stets gern empfehlen.“

Zur Indikation in dem Kurort äußerte man sich folgendermaßen.

1. Ruhe – und Erholungsbedürftige, besonders auch bei allgemeinen Schwächezuständen und verzögerter Wiederherstellung nach schweren Krankheiten.

2. Alle Zustände der Blutarmut und Bleichsucht, besonders in den so häufigen Formen dieser Erkrankungen, welche mit Schwäche der Verdauungsorgane, Appetitlosigkeit, Neigung zu Magenkatarrhen und Katarrhen der Schleimhäute der Atmungsorgane verbunden sind.

3. Erkrankungen der weiblichen Geschlechtsorgane, besonders der Menstruationsanomalien (Dysmenorrhoe, Amenorrhoe, Menorrhagie) und die chronische Gebärmutterentzündung.

4. Nervenkrankheiten, insbesondere die so häufige Neurasthenie, bei der gerade unser Kurort ein überaus geeigneter Aufenthalt ist. Ferner für die Neuralgien auf anämischer Grundlage und Entwöhnungskuren.

5. Herzkranke. Es dürfte allgemein bekannt sein, wie sehr gerade bei den so viel verbreiteten Herzerkrankungen die kohlensauren (Sol) Bäder im Verein mit angemessener Geländekur lindernd und heilend einwirken.

Die nahegelegene Universität bietet außerdem günstige Gelegenheit, Autoritäten der einzelnen Gebiete immer und rasch zur Verfügung zu haben.

Wer hier sein Leben verbringen will, kann hier fern vom Geräusch des Tages und der Menschen leben, ohne dabei noch in einem weltfernen Winkel zu sitzen und die Menschheit ganz zu missen.

Der Mittelpunkt der Unterhaltungen und Vergnügungen ist der prächtige Kurpark. Hier gibt es Sommer und Winter in bunter Abwechslung Ernstes und Heiteres, Kurkonzerte, Sommerfeste, italienische Nächte mit reizvollem Feuerwerk, Spiel- und Tennisplätzen. Gesellschaftsabende und Kunstdarbietungen jeder Art reizen alt und jung von nah und fern zu regem Besuche.

Herrlich, die Anzeigen damals:
Kur- und Wasserheilanstalt
-Das ganze Jahr geöffnet-
Garten mit schattigen Alleen und Liegehallen. Anerkannt beste Verpflegung.
Katholische Schwesterpflege
Hotelanzeigen: mit allem Komfort der Neuzeit eingerichtet. Elektrisches Licht, Zentralheizung, Aufzug, hübsche Terrasse.
Haus I. Ranges
Christliches Hospiz und Erholungshaus, gemütliches Heim, vorzügliche Verpflegung
Meldungen sind zu richten an die Vorsteherin.

Überall gab es Pensionate für höhere Töchter, Mädchenschulen, Gartenbauschule für Frauen.

Leiterin Fräulein V.

Das weibliche Geschlecht wurde auf seine Hauptaufgabe, Haushalt und Kinder vorbereitet.

Erst viele Jahre später durften die jungen Damen studieren.

Eine wundervolle Lektüre, Karl überlegt sich, ob er nicht einzelne Seiten drucken und vergrößern lassen soll, um sie in der Praxis dann aufzuhängen.

Aber das alles erst ab nächsten Monat, vorher stand ein Urlaub von 14 Tagen an, um eine Weinreise nach Frankreich zu unternehmen. Es war eine organisierte Unternehmung zu den schönsten Weingütern, er freute sich sehr.

Bisherige Bücher des Autors:

„Immer auf Empfang“, Episoden aus dem diplomatischen Dienst mit einem Vorwort von Hans-Dietrich Genscher

„Japanische Jahre“, viele Geheimnisse bleiben.